化成整体生命智慧

学思达 II

（增能版）

张辉诚的创新教学心法

张辉诚 著

北京时代华文书局

图书在版编目（CIP）数据

学思达．Ⅱ，张辉诚的创新教学心法 / 张辉诚著．-- 北京：北京时代华文书局，2019.3
ISBN 978-7-5699-0480-2

Ⅰ．①学… Ⅱ．①张… Ⅲ．①课堂教学－教学研究 Ⅳ．① G424.21

中国版本图书馆 CIP 数据核字 (2019) 第 033061 号

北京市版权著作权合同登记号　字：01-2018-8426

学思达Ⅱ：张辉诚的创新教学心法

XUESIDA II: ZHANG HUICHENG DE CHUANGXIN JIAOXUE XINFA

著　　者 | 张辉诚

出 版 人 | 王训海
选题策划 | 爱智达人
责任编辑 | 周海燕　姜锦赫
装帧设计 | 后声工作室
责任印制 | 刘　银

出版发行 | 北京时代华文书局 http://www.bjsdsj.com.cn
北京市东城区安定门外大街 136 号皇城国际大厦 A 座 8 楼
邮编：100011　电话：010 - 64267955　64267677
印　　刷 | 北京环球画中画印刷有限公司 电话 010-63706888
(如发现印装质量问题，请与印刷厂联系调换)
开　　本 | 880mm×1230mm　1/32　印　　张 | 8.75　字　　数 | 154 千字
版　　次 | 2019 年 3 月第 1 版　印　　次 | 2019 年 3 月第 1 次印刷
书　　号 | ISBN 978-7-5699-0480-2
定　　价 | 48.00 元

目录

CONTENTS

推荐序 千辛万苦的快乐

方新舟

在第二届“学思达”亚洲区年会中，张辉诚老师问几位来宾：在 AI 人工智慧的压力下，教育应该往哪个方向走?

我请在场的七百位老师闭起眼睛，想象 2050 年的景象。为何是 2050 年？第一，现场大部分老师到那时已经超过 65 岁，开始依赖养老金生活。更重要的是，今年进小学一年级的孩子，在 2050 年时 40 岁，他们受过完整的十二年义务教育，进入社会服务十多年，是社会中坚、国家栋梁，但是他们的工作却极可能被人工智慧、机器人取代。届时，全世界人口会从现在的 75 亿成长到 98 亿，世界会变得又热又平又挤。而台湾地区的人口会从现在的 2300 万减少为 2000 万，65 岁以上人口占 35%，人口结构呈倒三角形，能做事赚钱的人不到一半，即使没有发生大灾难，像地震或战争，大家今天含泪接受的养老金制度也会破产。

我相信很多人在想象这景象时，会为自己、为下一代紧张。我们确实应该很紧张，而且应该立即采取行动。毕竟台湾地区没有丰富的天然资源，在大环境变化这么大这么快的情况下，我们唯一能依赖的是用教育开发每一个人的脑矿，让台湾地区渡过难关。教育的本质不就是希望一代能比一代好吗？

但这事说起来容易做起来难。我们只要看几个统计数字，无论是实质工资或会考成绩，就知道我们花很多钱在教育上，但是并没有产生应有的成效。这问题错综复杂，尤其在多元民主的社会，各方利益团体各据山头，争论不休，难有共识。

我个人认为，问题的症结只有一点：台湾当局效能太低，拿不出办法解决教育投资不彰的问题。台湾当局早就在说高龄化少子化是台湾地区的生存危机，但是我们做了哪些事来降低危机呢？当人工智能机器人兵临城下，而我们还在用填鸭式教育教死书，未来还有希望吗？

幸好近年有几位老师不怕别人指指点点，也不怕被贴“造神”的标签，勇敢地站出来大力推广以学生学习为中心的翻转教育，让新的学与教模式由下而上遍地开花。其中以张辉诚老师所创的“‘学思达’创新教学法”最受到肯定。究其原因，我认为是因为“学思达”跟近代脑科学所发现的有效学习方法紧密结合，因此能适用最多学科，效果最好。有兴趣的读者可以去看 Coursera 上的一门课：“学习如何学习”（Learning how to learn），就知道“学思达”方法是符合现代科学方法的。

辉诚老师在上一本书《学思达Ⅰ：张辉诚的翻转教学实践》谈了很多“学思达”的理念，以及“学思达”教师们的实践成果，带动很多老师及家长的兴趣。但是很多老师很挣扎。他们看了书、观过课，内心非常向往能用“学思达”教他们的学生，但是他们找不到时间来刻意练习。偶尔鼓起勇气尝试，因为没有人可以现场指导，怕失败、怕耽误学生学习，热情很快就消失，又退回到自己不喜欢的填鸭式教学。

辉诚老师的这本新书《学思达Ⅱ：张辉诚的创新教学心法》，就是为了协助老师在有限时间内，尽速跨过教学障碍，成为“学思达”的专业教练。诚如辉诚老师书中所言：“台湾任何创新教学，如果回避了成绩的竞争，也就回避了传统讲述的明星老师，甚至是补习班所能创造出的好成绩挑战，这样就很难从根本上改变台湾教育现状。”

虽然我衷心期望这本书能协助很多老师很快地翻转，不过以目前体制，我觉得还有很长很长的一段路要走。我想起“北一女”孙誉真老师告诉我的地球生物演化史：38 亿年前地球上几乎没有氧气，这时蓝绿菌可能就已经存在，默默地利用阳光能量，把水分子转化成氧气，释放出氢离子与二氧化碳结合成糖类，成为地球生态系统的重要生产者。十几亿年过去，蓝绿菌产出的氧气在大气中积累了足够的浓度，产生了隔绝有害紫外线的臭氧层，于是生物爆发性地演化，才会有今天的人类。更有意思的是，有些蓝绿菌被真核细胞所吞吃，成为光合作用植物里的叶绿素，直到今天仍在以各种样貌宁静地进行大气改造。

老师就像蓝绿菌，我们每一位都发挥光合作用，改变学生，学生也吸收了我们的文化及价值观，未来的某一代学生将会改变台湾。这不是科学神话。大家看看翻转成功的“学思达”老师，他们个个精神抖擞，像布农族歌谣《负重歌》里说的：“纵然汗流浃背，千辛万苦，我的心里却非常快乐。”谨以此向辉诚老师和所有实践翻转教育的老师们致敬！

（本文作者为财团法人诚致教育基金会董事长）

推荐序 | 用“学思达”，带领孩子从“齐一”“其一”走向“独一”“唯一”

严长寿

这一两年，每当出席海内外重要教育会议，我可以很骄傲地说，台湾地区一方面正在进行教育改革，另外一方面，我们也已经变成教育的“输出地”了！能够有这样丰硕的成果，个人认为台湾地区的翻转教育重要推手之一——张辉诚老师及其“学思达”创新教学团队，可以说是功不可没！我也深信，从台湾地区走向华人社会，从华人社会推展到全世界，这就是“学思达”下一个阶段的重要任务。

在过去的这一年，我跟辉诚老师有着近距离的接触，我们或者一起工作，或者通过交流了解他心之所系的各种教育与社会议题。坦白说，张辉诚老师真的是太不简单！不管是对他的家人、对他的工作，或者对他所要思考、解决的各种问题，他都是全力以赴。让我更心疼的是，每到了寒暑假或难得的休假时间，他一下子人在马来西亚、一下子飞到大陆，一下子又到香港、澳门，去推广、分享他“学思达”的教育心得。一个在学校任教的老师，而且是一个时时把授课责任放在心中的人，花了那么多的时间，而且都是自己课外的时间，不求任何报偿地各地奔走，为的就是想把一个理念推广到所有华人社会去。从他一个人的教学开始到今天渐渐掀起教育界的波澜，我认为这不是只靠着辉诚老师一个人的努力，背后还有着支持他的家人，以及那么多被他感动也充满热情与理想的老师们一起默默付出，才走到了今天，这种众人齐心汇聚起来的力量，真的是非常感动人！

正因如此，当我收到辉诚老师在百忙之中仍完成的这本新书——《学思达Ⅱ：张辉诚的创新教学心法》，细读之后发现，这是一本为所有老师而写，能帮助每位有意愿的老师在自己的课堂上实现“学思达”教学的实用工具书！这本书同时也是为所有家长、所有关心翻转教育理念的人而写，通过辉诚老师的介绍，大家将能更深入理解创新教学的精神与价值。

台湾地区的教育在过去这段时间，真是有着翻天覆地的改变，而我认为教育部门在政策方面也做出了一些调整。例如针对公办民营学校有了更开放的空间，让学校有机会走出一些新的方向，这些改变都值得肯定。但是除了政策的松绑之外，更重要的一点是，做老师的也要有勇气，走出那个所谓的“舒适圈”。必须以更活泼开放的方式适性扬才，让每个人都能成为前导者，改变现状；而我们每个人都承担着重要的使命，一定要让新的教育政策能够落实。

美国政治家、科学家富兰克林曾讲过一句话：“多数人死于25岁，只是葬于75岁罢了。”想想现在的医学更加进步，我们一不小心可能要到95岁才会被埋葬。因此每个人都必须找到生命中的使命，不要只在意那些所谓“终身”保障，更重要的是要去思考：我的生命是不是能活得更有意义。

我想大声呼吁：请各位勇敢地面对你的生活，勇敢地把你的教育理念执行起来。我相信只要大家齐心努力，我们绝不孤单，无论是参与公益平台的董事及志愿者、在学校任教的老师，还是担负着孩子家庭教育责任的家长，大家看到世界上的种种乱象，看到各种社会问题，最终都要靠教育才能解决。教育，不是从大学开始，而是从最基础的幼儿园、小学时期开始扎根，甚至更是从家长的教育开始做起，这样才有可能真正培养出具有自主思考能力的公民。

未来的科技社会，面临的是电脑大量取代人力记忆的时代，孩子所面临的竞争不再是学历，而是必须反省自己有没有能力，在没有藩篱的环境中，去跟全世界竞争。这时如果我们还用过去的方法来教导学生，我们势必将要付出很大的代价。希望我们都能用务实的态度，思考如何让孩子培养起深入自“学”的能力、创新“思”考的能力、自信表“达”的能力，用“唯一”“独一”来取代“齐一”“其一”，让我们的下一代能够在世界舞台上发光发热。为了改变台湾地区、改变世界、改变我们共同的未来，我相信，张辉诚老师的这本新书，可以给大家一同努力的方向。

（本文作者为台东均一中小学董事长、公益平台文化基金会董事长）

自序 | 一起用十年，改变亚洲教学

“学思达”一开始，我就告诉自己，用十年时光，凭一己之力，愚公移山，倾全力努力看看，能否改变台湾地区的填鸭式教学。

一转眼，迈入第五年了，我还是继续努力着，没有放弃、没有懈怠、没有气馁。

这四年多以来，我在全台各地学校四处奔波，经常累倒在高铁、飞机上，累积起来，总共面对过几万名老师、做了几百场演讲、举办了数十场工作坊，其中一场和叶丙成老师共同主持的整天工作坊甚至创下纪录，共集结了2236位老师牺牲“教师节”假日，纷纷从全台各地来参加演讲。不仅在台湾地区，我也努力将“学思达”推广到香港、澳门、北京、江苏、山东、广东、浙江等地，以及新加坡、马来西亚、文莱等国，即使疲累，但想到会有一个又一个老师因“学思达”而重新点燃教学热忱，我每天几乎都处在亢奋状态中，恨不得东西南北到处讲，一点都不觉得累。

2016年和2017年，“学思达”更在公益平台文化基金会严长寿董事长和诚致教育基金会方新舟董事长的全力行政支持，以及方庆荣董事长（第一届）及台湾教育部门（第二届）的经费挹注下，成功举办了第一届和第二届“学思达”亚洲年会。从第一届参与的三百多人扩增到第二届的七百多人，海外“学思达”老师也从七十多位扩增到一百多位同来参加，“学思达”的共鸣者、支持者、同行者愈来愈多。

“学思达”至今已经推广四年多了，目前的发展已经从幼儿园、小学、初中、高中，一直贯通到大学、研究所，就连医科教授如台湾中山医学大学牙医系余权航教授，都尝试在课堂中实施“学思达”。“学思达”的实践同时横跨不同学科（文、理、工、艺术等），可以不断在体制内保有强大竞争力（已有实例证明可以胜过填鸭式教学的佼佼者），也可以在体制外发挥影响力；已经开始影响都会学校，同时也可以帮助偏远学校；可以帮助学校里的正常教学，也可以帮助课后的补救教学；可以影响普通型学校，也可以影响明星学校，甚至影响补习班；可以在台湾地区生根，也可以输出海外，影响更多国家和地区；可以用最朴素、简单的样貌出现，也可以结合最新科技的各种教学工具，展现出高难度与多样化的教学样貌——“学思达”可以单纯只用“学思达”教学法，就能独立举办一个又一个大型工作坊，涵盖不同科目，又能不断在台湾各地密集办起一场又一场的工作坊与培训坊。这四年下来，一共举办了几百场演讲、几十场工作坊和培训坊，甚至一路办到新加坡、马来西亚、文莱等国，以及香港、澳门和大陆各地。

四年多来，我和高雄市英明中学郭进成老师组建 facebook“‘学思达’教学社群”，目前已经有四万五千多位老师、家长、学生、学者进行专业教学讨论；又在诚致教育基金会的资助之下建立“‘学思达’教学法分享平台”，打破校际藩篱，共享教师教学讲义。如今，“学思达”能力成熟的老师愈来愈多，并组成一支三十多名“学思达”核心老师团队，每天在全台各地分享“学思达”。同时，“学思达”也不断将台湾地区的成功经验推广到海外和大陆，各地也逐渐出现可以在当地推广“学思达”的推手老师们，例如：新加坡的陈君宝先生、陈丽仁副校长、胡容仪主任、邓禄星老师、吴依璇老师，马来西亚的萧翡瑥校长、蓝志东老师、王韦雯老师、林玮寰老师、许诗洁老师，以及香港郑建德校长、刘振华副校长、李振辉老师、郑淑华老师，广东东莞小牛津集团的执行长、校长和老师们，他们各自在自己的地区，持续而稳定地推广“学思达”，影响越来越多的老师一同加入“学思达”的行列。

四年多过去了，“学思达”站稳了第一步，接下来“学思达”的五年目标是希望可以做到：

- 持续影响、培养出更多“‘学思达’老师”。
- 帮助更多老师做到“随时开放教室”。

- 深化“学思达”各种专业教学素养与能力（结合萨提亚、“学思达”讲义设计、课程设计等）。
- 培养出更多各学科“‘学思达’社群领导者”。
- 汇聚“学思达”老师的能量，同校之间出现一间又一间“‘学思达’专班”（让家长有机会选择在体制内不被“填鸭”）。
- 打造一所又一所的“‘学思达’学校”（全校随时开放，目前马来西亚德信中小学、广东小牛津教育集团辖下的两所学校正全力转型为“学思达”学校）。

最后，我想谈一谈“学思达”的精神。

“学思达”的精神，就是分享模式，优秀的老师把自己变成阶梯和舞台，帮助更多老师走上阶梯，登上舞台，发光发热，然后发光发热的老师又将自己变成舞台，帮助更多老师走上更高的阶梯和舞台，带领出、联结出更多优秀老师，这样将来的老师就能站在资深老师的基础上，一代胜过一代，持续发光发热。老师一代胜过一代，就能培养出一代胜过一代的学生。

而且“学思达”老师本身不断自学、思考和表达，因此不断精进、永保创新，又乐于分享，帮助更多老师和学生，形成一股能量越来越巨大的正向循环。

正是这样的缘故，更需要大家一起共同努力，一起用“学思达”来改变填鸭式教育，让亚洲教育变得越来越好！

引言 | 拥抱未来——从传统课堂迈向“学思达”的教师增能

“学思达”教学法，是一套完全针对学生学习所设计的教学法，真正可以在课堂上长期而稳定地训练学生自“学”、阅读、“思”考、讨论、分析、归纳、表“达”、写作等综合多元能力。

通过教师的专业介入，制作以问答题为导向、补充完整资料的讲义，掌握学生学习的最佳专注时间，不断切换学习样貌，透过小组之间“既合作又竞争”的学习模式，将讲台还给学生，让老师转换成主持人、引导者、课堂设计者，把学习权交还学生。每一堂课、每一种学科都以促进学生学习兴趣，增强学生各种能力，训练学生阅读、思考、表达、写作、判断、分析、应用、创造等综合能力为主要教学目的。

“学思达”教学的五个步骤“自学、思考、讨论、表达、统整”是一个不断循环的历程（如图一）。一开始非常简单、易学，而且便于复制，同时每一个步骤，又可以让不同学科、不同能力与不同专业的老师，以及不同特质的学生，再各自延伸出不同的高度专业。

为什么“学思达”可以做到？“学思达”真正的关键在于教学观念的改变、教学能力的提升以及教学技术的改变，其中最重要的首推“‘学思达’讲义”。“学思达”讲义是教师专业学养的表现，老师必须将学术专业导入学习、用问答题让学生从低阶学习（记忆、理解为主的传统教学）转为高阶学习（应用、分析、评鉴、创造），以及课堂之间频繁而大量的师生对话与联结……这些都是学生之所以能够产生自学、思考、表达能力的主要成败关键。

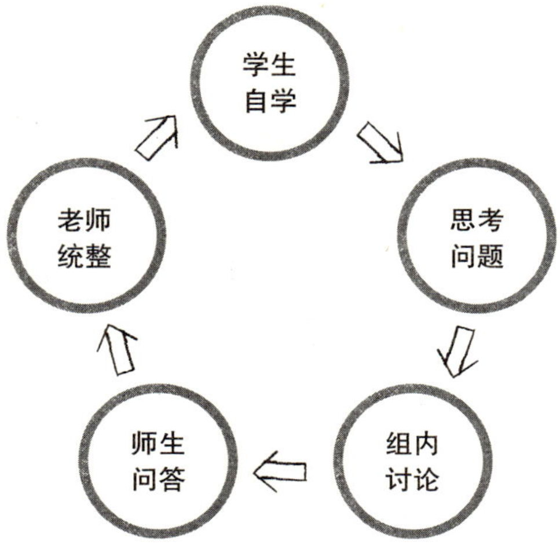

图一：“学思达”教学五步骤

“学思达”并非只是单纯表面字义上的“翻转教学”，也就是所谓将传统老师的单向“教”导授课为主，改为学生自主“学”习而已，而是还借由教学观念和技术的改变，进一步翻转学生的“学习效率”“学习速度”，翻转学生的“高低认知目标”。“学思达”也不是只单纯一直强调“倾听”和“等待”，而是强调“师生对话”和“专业介入”，上课时师生表层上是通过对话和学生传递、交流、讨论知识、激荡思考，底层却不断通过对话，让师生彼此都生出内在的联结，联结渴望，相互成长；再经由教师专业涵养的介入、设计、提问与引导，帮助学生进入高速度、高效率、高品质、多元样貌、高创造力、深刻思考的学习，同时又展现出生机盎然、活泼、满盈生命力及喜乐的迷人学习景象。

“学思达”教室里的角色翻转

“学思达”可以训练自学而让学生受益，同时也会反过来让老师受益，让师生走向共同成长。原因如下：

1. 老师会从课堂上的“男、女主角”，升格转为“主持人”“导演”与“编剧”

老师上课一旦采取单向讲述为主，很快就会发现，自己变成课堂上的男、女主角，学生的眼光必须全部集中在老师身上，老师成为课堂上动见观瞻的对象，而这也是一般老师畏惧开放教室的主因之一，因为老师并不觉得自己是最佳男、女主角，所以压力倍增。

传统单向讲述的老师，课前会仔细地准备上课内容，强化自己的口说和解释能力（如果还有一点表演能力就更好了），课间就是让自己使出浑身解数、发光发热，好让学生如痴如醉。在这种模式之下，久而久之，老师口才会越来越好、能力也会越来越强，也许学生的知识量确实增加了，但学生的能力常常是不动如山——这样的老师其实很容易被取代，如果补习班的老师教得更好、网络教学影片教得更好，学生就会一窝蜂地向这些教得更好的人靠近。

但是老师一旦升格为“导演”，相对而言，就不太容易被取代，老师可以引导学生阅读最专业的观点、观看最好的教学影片、思考最好的问题，让所有的资源都变成自己可以调动和运用的教学利器，这样就不用再一个人费尽九牛二虎之力独撑大梁、唱独角戏，以至于事倍功半，而是万事万物皆为我用，自己就是导演，自己可以选择用、如何用（当然也可以选择不用），主导权在教师自己手上。

老师转换为“导演”和“编剧”，这个过程很迷人，老师就会开始认真考量课堂的流程、时间的控制、效果的高低、教学工具的使用与切换、学生的反应与回馈……这些通通都会进入老师的课前规划、筹备。一旦进入课间，老师就直接化身为“主持人”，实践“导演”所有的规划与理想，开始和学生展开知识的探索、对话的碰撞、情感的交汇。老师的位阶提高了，就不容易被取代，因为补习班老师不会这样教书。无论网络教学影片教得再好、网络资源再丰富、时代再怎么变化、知识再怎么激增，老师都可以将其拿来成为教材的一部分，只要老师会搭配“问题和补充资料”，几乎没有什么东西不能成为老师上课的教材和内容。

实施“学思达”成功与否，主要是以“能否随时开放教室”为标准，这一点很奇妙，为什么“学思达”可以做到？原因就在于，“学思达”让老师的位置改变，从男、女主角升格，在课堂上化身为“主持人”，即使要担任男女主角，时间也很短暂（只有在进行“统整”时），在课前担任课程设计之“剧本家”与“导演”，然后把舞台还给学生，把学生训练成“最佳男、女主角”。

这样大家就能明白，为什么“学思达”要随时开放教室，因为唯有观众才能不断训练男、女主角的胆量、台风、机制和反应，使其终至成才——这里当然有一个风险存在，如果学生表现不尽理想，甚至上不了台、露了丑、出尽洋相，该怎么办？这时候老师的应对能力就显得非常重要，让学生感受到即使遭遇挫折、遭遇困难，老师依然包容他、爱护他、支持他。而这也是“学思达”老师为什么如此需要“萨提亚”的主因，也是“学思达”老师学习“萨提亚”效率极高的主因，因为他们每天几乎都在“刻意练习”。

2. 老师会从“课本的傀儡”，转变成“课本的主导者”

传统以讲述为主的老师，课本写什么，老师就先设法弄懂这些，然后在课堂上教到学生听懂为止，这个过程基本上就是“理解”层次，而且几乎都会受限在教科书本身，老师“理解”了课本知识，再教会学生“理解”，老师除了传递低阶的认知目标（依照布洛姆的认知六目标而言，理解效果还会出现递减），还会变成“课本的傀儡”，课本写什么，老师就教什么。

但是“学思达”老师面对教科书就有很多可能、很多变化。

首先，老师面对教科书的内容时，除了理解之外，也可以设计问答题让学生进入更高阶的认知目标，让学生可以“分析”“评鉴”“运用”“创造”。例如，我很敬重的台南教大附小温美玉老师，她分享出来的各种精彩教案，就是以教科书为基础，展开各种高阶认知目标的训练与达成。换句话说，她是教科书的主导者，不是教科书的傀儡，教科书只是她的一个起始点工具，温老师甚至经常抛开教科书，进入她结合课程各种新知识点与创造力的全新教学历程与内容，她让学生进入更惊人的各种高认知目标，展现出无穷的创造力。

再者，老师也可以利用“补充资料”的方式，搭配着教科书的知识点，除了提供详细注解之外，也可以补充一个到数个与教科书上不同的观点，设计出问题让学生比较，如此便可以训练学生的评鉴和分析能力；当学生自学速度加快，就可以增加更多教科书之外的额外资料，教科书的重要性也就会慢慢降低，因为学生能学到比教科书更多的知识，进入更高阶的认知目标。当然，老师也可以将教科书知识点结合真实世界，设计出应用型的题目，让学生进行“真实运用”与“创造”的训练。

“学思达”，可以让老师从“教科书的傀儡”，转变成“教科书的主导者”。唯有老师成为教科书的主导者，老师的专业才能真正掌握在自己手上，而不是掌握在教科书的编辑手上。

3. 老师会从“单一讲述”，转变成“师生频繁对话”

传统老师以讲述为主，自然就不会在课堂上和学生对话，一有对话通常是出现在闲聊或者指正学生行为上，课堂上大多数时间只是充斥着老师的声音，而且整堂课从头到尾都是如此。

“学思达”刚好相反，课堂上是以“学生自学为主”“师生对话为辅”，老师和学生之间有频繁的对话。对话的原因，在于“学思达”老师设计问题和讲义给学生，让学生来回答，一方面核对思考成果，另一方面又为了确定学生的思路、确定学生对于细节的掌握程度，所以师生对话时，老师必须拥有稳定的身心状态、平和的应对姿态、灵敏的反应、良好的主持能力、宽广的知识能力。

师生频繁对话，表面上是知识的讨论与交流，但同时又是师生之间情谊的联结与交汇（这点又再一次说明“萨提亚”模式有多重要），时间一久，联结越来越紧密，课堂就会出现一种迷人的教学气氛，课堂就仿佛学生的家庭一般亲切、温暖而动人。

师生对话的同时，也会让老师不断成长。因为老师设计出一个问答题之后，无论是封闭型的问题（有标准答案）或是开放型的问答题（没有标准答案），老师心中早已预设了一个或数个答案；但当学生答出来的答案在老师预设答案之外（千万不能忘了每一个后来的学生都是新时代的小孩，他们生活的世界和思维都是全新的），而且老师用专业判断之后，觉得比自己预设的答案更好，这时老师通常很难不激动、不感动，因为学生的答案回过头来开阔了老师的观念和视野，如此一来，师生便会一起成长。

4. 老师会从“停滞学习状态”走向“终生持续成长”

传统以讲述为主的老师大约经过十年教学会走向成熟，教学热情却可能会下沉到谷底（这是我的观察，当然未必正确，大家可以参照看看)。

我且以初、高中教学三年一轮为例说明，头一轮教书，第一年到第三年，老师会很认真地备课，战战兢兢，诚惶诚恐，一方面充实自己的学术专业知识，一方面锻炼自己的口才和班级经营能力。到了第二轮，也就是第四年到第六年，备课时间可能只需要第一轮的一半不到，口才和班级经营能力也开始稳定下来(第一轮不好的地方可以在第二轮得到修正)。到了第三轮，基本上，备课时间大幅度减少，甚至上课前只要瞄一眼即可，口才也已经越来越好，班级经营也渐上轨道。到了第四轮，也就是第十年，老师基本上不用备课了，连讲笑话让学生笑得东倒西歪，老师自己都不会笑了，班级经营也日渐上手。这时候出现了一个惊人交叉点，很可能老师连教科书都不看了，甚至连书都不看了——倘若真是如此，意味着老师就会停滞在不再看教科书、不再看书的某一个时空点。不幸的是，学生却是不断更新的，老师很可能会用某个停滞不动的时空点，一直面对全新时代的学生并教导他们，久而久之就可能会形成一个新、旧时空持续的冲突(当然，这只是我的观察，未必是对的。)

“学思达”的迷人之处就在于，当“学思达”老师要教学生自学、思考、表达，自己就必须先自学、思考和表达，一旦老师进入自学，开始设计问答题、制作“学思达”讲义，老师必然就会进入搜寻资料、大量阅读、文字注解、创造、思考、设计问题等自学过程。老师要训练学生有高阶认知目标，老师必定也要先拥有高阶认知目标的这些能力。这些过程都让老师不再只是“理解教科书”而已，而是“主导教科书”，展现出教师强大的学术专业、学养、思考力和创造力，并且“学思达”讲义会随着学生的程度与反应、时代的发展、考试的变化、知识的推陈出新，而不断更新与精进。换句话说，老师也会因为不断修订“学思达”讲义而持续精进与成长，形成一个正向的循环，内心充满动能和成就感。

成熟的“学思达”老师最明显的特征就是“热情洋溢”，并且会“终生持续成长”，这些都和上述这些结构有关。

“学思达”讲义的特殊效益

“学思达”老师编写讲义，还有什么特殊效益，我想再从老师的角度多谈一些。

1. 与课本平等对话

编写“学思达”讲义，可以让“学思达”老师和课本进行对话。这里所谓的课本，其实就是“课本编写者”所代表的思维、选择，当然也包括其局限。

过去老师授课，基本上就是全然接受课本的思维与选择，依照章节先后，一章一节、一课一课、一学期一本、一册又一册地授课。老师们没有能力可以决定哪个年级该学什么，因为编写课本的权利被预先夺走、决定了，决定者是教育主管部门的课纲（决定了“编写原则”），以及出版社邀请来的专家学者或授课老师所编出来的课本（决定了“出版物”），老师们大多只能默默接受，即使有选择不同出版社和出版物的权力，但基本上还是已经受限于教育主管单位的课纲思维，以及单一出版社的教科书成品（除非有老师愿意抛弃教科书，自己编写讲义，这样的情况少之又少，目前风起云涌的实验教育便开始尝试这些）。但是“学思达”老师编写讲义，终于有机会可以改变这种状况。

首先，即使“学思达”老师仍旧依照“课本”来进行教学，却可以补充更多相同的延伸资料，当然，也能补充相异观点，甚至完全不同思维的其他资料，如此一来，老师就会用自己的专业能力与判断，和课本进行对话与交流。

当“学思达”老师补充越来越多的课本之外的资料、设计出越来越好的问答题，就已经开始和课本产生对话。这和之前的课本“接受者”（下对上）不同，“学思达”老师摇身一变，变成和课本是“平等关系”的“对话者”——“学思达”老师通过自身的思考、对话和表达，让教科书变得多元、丰富、立体！

2. 提高学习位阶

“学思达”老师制作讲义，终于有机会可以摆脱传统单向式口述上课时，大多只能聚焦在教会学生理解、培养学生理解能力的局限上（加上学生考试不能看书，不断训练学生记忆力，台湾中小学生基本上都过度侧重在记忆力和理解力的训练上）。

“学思达”老师如果能够设计出好的问答题，就有机会将学生的理解力和记忆力的过度训练，抬升至更高阶的应用、分析、评鉴和创造等认知能力的训练，学生也才有可能在学校拥有更好的学习品质、提升更高的学习位阶、被培养出更多元的能力。

3. 实现差异化教学

当“学思达”老师教过完整一轮，编出所有讲义之后（如初中三年、高中三年），除了会继续精进改良讲义之外，同时也会开始意识不同程度学生应该拥有不同讲义，于是又开始编出“上”和“下”两种程度的不同讲义，甚至又制作出“上、中、下”三种不同程度讲义，甚至更多不同需求的讲义（超前进度、正常教学和落后进度者，又或者像“考上大学”和“还没考上大学”两种截然不同的讲义）。

为什么“学思达”老师会编出这些不同讲义？除了满足不同学生之不同需求外，另一个重要原因则是：“学思达”很快就会发现学生的学习速度开始产生差别，有的快、有的慢，“学思达”教学可以根据教学现场，做出调整，能够在同一时间（上课）与空间（教室），教授三种到四种完全不同内容的课程（如果再搭配翻转教室的“教学影片”就能做到完全“个别化学习”）。为什么“学思达”能够办到？原因很简单：“学思达”老师轮流到各组去聆听学生发表、进行统整，其他组别的学生会自动进入自学和讨论，各自得到需求与照顾。唯一忙碌的人是老师，得到最佳的学习对待的却是学生。

换而言之，“学思达”老师设计讲义，最后一定会走向因材施教、差异化以及特制化。

4. 课本的解构与超越

当“学思达”老师编完所有任教课程的讲义之后，很快就会发现，除了越来越精进讲义内容之外，越来越多的补充内容会慢慢稀释掉课本内容、慢慢架空课本内容，逐渐进入一个越来越庞大的知识体系，远远超过原本传统上课所能传授的课本内容。并且渐渐发现，好像没有课本也没有关系了，课本只是知识的起点、知识的导引，而不是知识的全部，更不是知识的终点（台湾地区的教育是常常让学生读完课本之后，其就成为某类学科知识的终点，学生学习兴趣受到挫伤），“学思达”老师会进入另一个“解构课本”的阶段。

解构课本，一开始是因为学生阅读量大增，老师补充资料和知识越来越多，学生多元能力不断增加，如此老师又会另行开始编写全新讲义。除了满足学生最后统一考试需求之外（这是教学必须面对的现实），还会再朝向培养学生越来越多、越来越强的能力而设计，慢慢就会和现实生活的能力连接在一起，编写出愈来愈多务实的、深入的、实际的、专业的、学术性强的不同讲义（根据老师的专业、能力和关注点不同而有异），讲义开始百花齐放、各显所能。

然后，“学思达”老师就会发现，他们已经有能力重新打造学习内容、决定学习进度和学习方式。很快就会进入“解构课本”阶段，依照自己的方式，拆解课本的内容，甚至完全抛去课本，自行编写自己所需要的课本，而且效果比采用别人编好的课本来得更好！

传统教师的基本教学能力

首先让我们来看看，传统单向口说讲述式的老师授课时需要哪些能力？我认为必须具备三种最重要的基础能力。

1. 备课能力：表现出老师的知识学养。

2. 口才能力：尤其侧重解说能力，最好能把各种知识（或者考试重点），有条不紊、言简意赅、高效率地解说给学生听。如果老师能表现出好口才，还能带有一点表演能力，那就更好了！

3. 基础班级经营能力：单向口述教学者的班级经营，通常会偏向“高压独裁管理”，因为学生上课必须表现良好，不能有不良的学习行为出现。高压独裁管理方式，最容易看到立即成效，我常戏称之为“暴君式班级经营”；另一种则是“无所谓管理”，老师对学生种种不良学习行为，装作没看见，视若无睹，只希望能够顺利赶完进度就好了，我则戏称之为“昏君式班级经营”。

当然，传统单向口说讲述式的老师还是能够进行良好的班级经营，只是一旦老师进入单向口说讲述过程，班级经营通常就会不自觉地建立在“学生自身行为的压抑上”（学生上课不能讲话、不能走动、不能玩手机、不能吃东西、不能睡觉……），班级经营的重点也就落在如何让学生保持长时间的克制与压抑之上。

“学思达”老师的进阶增能

至于“学思达”老师需要具备哪些能力，我认为除了传统讲述老师该有的备课能力、口才表达能力和班级经营能力之外，还需要一些非常重要的其他能力，兹条列叙述于下。

1. 讲义制作力

“学思达”教学现场，学生之所以能够“自学”（自主学习），完全建立在良好的讲义制作的基础之上。“学思达”讲义提供了学生自学最重要的起点，一方面补足课本不足之处，另一方面不断训练学生阅读、理解以及寻找答案的能力，同时又不断强化学生之阅读广度和深度。如此就能知道，“学思达”老师编制讲义的能力有多么重要。

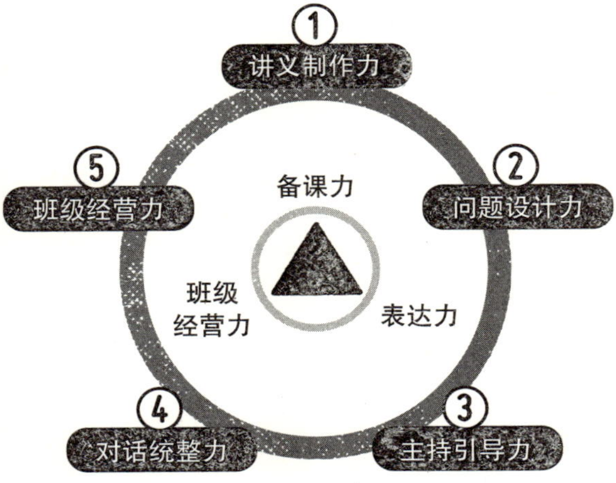

图二：“学思达”教师的专业增能

编制“学思达”讲义的重点，完全建立在老师专业能力与专业判断上：课本有哪些地方需要补充注解、哪些不需要，补充注解时应该如何呈现；上课老师原本要解说的话需不需要转成文字呈现，若需要，应该如何呈现；如果让学生保有最佳的学习时间效应（小学生只有五至十分钟、初中生只有七至十五分钟、高中生只有十五至二十分钟），自学内容应该如何切分成小单元；学生如果还没有自学能力，需不需要将自学范围减少、困难度降低；讲义编写需要不需要由易而难、从简到繁、由浅至深；每份讲义需要达到何种目标；每份讲义要训练学生何种能力；需不需要将评量融入讲义之中；要不要借助影片或其他科技；影片要自己录还是用现成的，自己录要怎样录，用现成的去哪里找现成的品质又良好的……诸如此类，“学思达”老师编制讲义时，都必须耗费心神，不断琢磨，仔细考虑。可见，编制“学思达”讲义是老师能力的重要展现，也是“学思达”老师必须不断增强、锻炼、精益求精的能力之一。

2016年4月，在北京人大附中有一场苹果电脑长期赞助的“信息融入教学创意教师研习会议”，这群创意教师每年会定期在全世界各地开会，来自台湾的杨光昱老师就是其中一位，他和来自香港、杭州、江苏等地以及新加坡的老师都很熟悉，且让我戏称之为“苹果派”，这群教师熟巧地运用 mac、ipad 和苹果公司提供的平台融入教学现场。这种信息化教学会议为什么会找“学思达”的我去演讲，而且演讲完之后还引起很大的回响？这才是其中奥妙关键处。我认为，不论工具怎么样改变，诱发学生学习动力、训练学生各种多元能力的目标并不会有任何改变，“学思达”正好是可上可下之法。往上可以不断创新，结合各种最新进的教学工具；往下也可以完全不用任何科技设备，只需要最简单的文字资料。但是，不论工具如何新颖、变化，教学本质几乎都离不开“学思达”。

当时，在香港第一个开始推广翻转教室的夏志雄老师，也是在北京听完演讲之后，希望我也能到香港演讲。我在 7 月时到香港汇基书院办“学思达”工作坊（刘华副校长主办，吸引了来自全香港各学校共三百多位老师参加），夏老师也来参加工作坊，夏老师是香港第一批翻转教室的先行者，他为什么会被“学思达”感动，也是同样的道理。

2. 问题设计力

“学思达”讲义之好坏的另一关键，就是问答题设计的良窳。

讲义上的问答题可以诱发学生好奇心、刺激学生思考。对学生而言，问答题的考法比选择题难，因为没有四个或五个选项可以选；对老师而言，则是一方面显得相对友善，因为老师不用再出选择题，不用再挖空心思想出数个充满高诱惑力的选项（好让学生掉入陷阱，责怪学生不够小心。可是同时又把老师的“险恶用心”表露无遗）；另一方面，出问答题对老师来说又显得生疏，因为老师的成长、师资培训过程，使其很少有机会接触如何设计问答题，他们也就不太容易掌握出问答题的方法、技巧以及思维。所以，增强设计问答题的能力，对“学思达”老师编制讲义、设计出适合的好问题来说，显得格外重要。

3. 主持引导力

过去传统讲述的教学过程，有一个主要特色就是不断告诉学生答案是什么，或者不断向学生解释答案是怎样产生的。“学思达”刚好相反，老师什么都能告诉学生，就是不能告诉学生答案。所以老师要学会如何更有效、更简洁、更深入核心地提供线索、暗示、引导，来让学生自己想出答案。这时候，老师的引导能力好坏，在“学思达”教学课堂就显得异常重要。

过去传统讲述教学，老师经常是课堂主角、学生的焦点，老师要做的事情，就是在课堂讲台上淋漓尽致地演出，博得满堂彩。但“学思达”教学课堂，老师恰恰好相反，而是离开讲台，化身为主持人，让学生成为课堂学习的主人、讲台上的主角，老师只在一旁维持着上课学习的所有流程、节奏和气氛。所以，老师必须学会各种主持技巧、提升学习氛围的能力，有时老师也不妨化身为“吴宗宪”，说一句：“请同学们掌声鼓励鼓励！”如果大家不喜欢宪哥（我是很喜欢宪哥的），后文我还会举更多实例谈如何引导，其中有一位是哈佛大学迈克·桑德尔教授，大家应该就不会排斥了。

4. 对话统整力

在“学思达”教学现场，学生们陆续上台表达，说出自己针对问答题所设想出的各种答案，老师聆听完学生所有回答之后，必须迅速统整，同时深化、加广、邃密、抬升……老师必须在最短的时间内做出反应、整理思路、给予反馈。整个过程需要高品质、高效益、高吸引力的短讲及统整能力。这也是“学思达”老师必须具备的重要能力，攸关“学思达”课堂会不会沦为学生之间空泛、肤浅、没有标准答案、没有收获的讨论之成败关键。

5. 更强大的班级经营力

传统讲述上课现场，学生大多被迫处于压抑状态；但是“学思达”教学现场，学生会进入频繁学习状态切换的状态，学生可以讲话、可以转动身体（也可以走动）、可以看手机（要查找资料），甚至可以吃东西、睡觉（学生身体状况不佳，老师可以允许学生睡觉，因为学生手上有讲义可以自行重复学习、补救学习）。课堂氛围轻松之后，老师就需要更强大的班级经营能力，如果没有，课堂就容易演变成失控、混乱状态；但如果班级经营得当，教学现场就会进入一种动静分明、热情专注、愉悦美好的状态。所以“学思达”老师需要更强大的班级经营能力。

传统讲述教学，老师上课忙着追赶“教学进度”，不易有时间和学生进行对话。若有学生需要辅导，大多也只能利用下课、早自习、中午或放学后时间进行，时间相当有限。但是“学思达”课堂，老师每天都能趁着学生自学、讨论或发表时，和学生进行对话，都能和学生交流，当然也就能够有更多的时间来辅导学生。“学思达”教学课堂，会有愈来愈多的时间让师生进行对话，老师与学生之间的沟通对话品质就异常重要，还有，老师还需要更强大的沟通能力以及辅导能力。

在我的上一本著作《学思达Ⅰ：张辉诚的翻转教学实践》中，介绍了我的“学思达”心路历程、“学思达”的教学五步骤设计，以及“学思达”伙伴们努力耕耘的成果；而在这本书的以下章节中，将详细说明如何培养“学思达”教师需要具备的上述五种能力。这五种“学思达”教师专业增能，能够帮助老师在自己的课堂中良好地运转“学思达”教学五步骤，依照自己的专业学识及教学理念，实现属于自己的“学思达”课堂（见图三）。

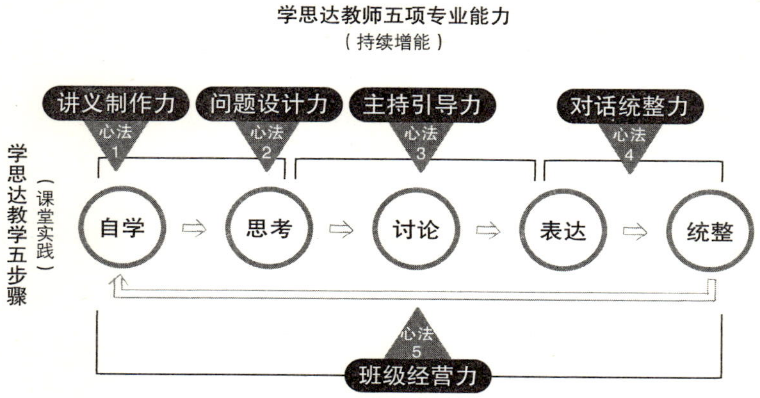

图三：“学思达”五项增能是运作“学思达”课堂的基础

心法一

讲义制作力

01

起点

从传统讲述迈向“学思达”课堂

传统单向式讲述上课方式，依赖老师在课堂上口头单向式提供知识。在这种传统的教学模式下，师生之间经常存在着资料的不对等关系，例如老师讲课前会事先准备好的备课资料，往往是抄录自教师手册、备课用书、大学专业书籍、网络资料等，因此老师的资料永远比学生的课本资料多，老师得以在课堂上讲解和补充。然而，随着信息科技的不断进步，这样的模式越来越遭受到严峻的挑战。

当代学生随手用手机、电脑上网，就能查到比老师备课用书多更多的资料，甚至网络上的教学影片都教得比老师好、有趣、活泼、专业且吸引人，而越来越成熟的线上评估系统，也比学校的考试拥有更高效率，可以更快知道学习成效。影响所及，从小学到大学，教学影片、线上评估系统铺天盖地，知识无所不在。

当学习行为随时随地都可以发生，老师垄断知识的优势正在快速消失，甚至连学校的功能也开始遭受挑战与解构，例如全世界第一所没有任何实体校园的“密涅瓦大学”（Minerva school）的出现就是一个重要趋势。这些现象都指向同一个重点：培养学生的自学能力，是学校教育、教师教学的当务之急。

只是很不幸的是，学校教育和课堂教学却经常背道而驰。

传统单向式教学对学生自学能力的损害

我一直认为亚洲教育走向“填鸭式”当道（老师从头到尾单向式讲述的教学方式），是由三个环环相扣的支柱组成的，分别是单向讲述、密集考试，再加上教科书的误用。

老师一旦选择单向式讲述，密集的小考便随之而来，这两者是孪生结构，因为老师在单向式讲述后无法得知学生学习成效，只好不断地利用各种考试来确认。在长期重复讲述与考试之下，会让考试成为学生学习的主要动力，造成老师常常感叹“不给学生考试，学生就不读书”的窘境。当学生习惯没考试就不读书，一旦离开学校往往就会是其学习的终点，于是学校和老师反而成为摧毁学生持续学习的最大元凶。

当填鸭式的单向讲述加上密集考试，教科书也就跟着一起无辜受害。三者结合起来就会严重危害学生的学习方式、阅读能力与学习兴趣。为什么说“教科书会无辜受害”呢？试分析如下。

1. 缺乏自学能力的养成

教科书上资料严重不足，导致学生无法自学（还因此造福了参考书业者），老师上课时只好耗费绝大多数时间，用在补充课本上不足的资料，好让学生能够看懂、听懂。因此，“学思达”训练学生自学的首要关键，就是老师应该如何帮助学生自己看得懂教科书。

2. 缺乏大量阅读习惯与能力的养成

一本教科书通常需要一学期（五个月上下）才能读完，几乎每堂课约莫只能读一到十页不等。这个现象意味着：学生在学校失去了长期、频繁、快速阅读完一本书的训练与能力养成，同时也就失去了在学校训练大量阅读习惯和能力的机会。

教科书当然不是整个世界，是老师把整个世界浓缩在教科书当中，把学生“关押”拘束在教科书的“井底”之下，使其看不到真正的大千世界。大量阅读，才是比较健康的阅读与学习模式，更是学生离开学校之后，进入社会的真实学习状态，老师要在学生进入社会之前训练出学生有大量阅读、主动搜寻及判读资料、深入思考理解的习惯和能力，而不是使这样的能力在学校反被破坏殆尽。“学思达”迷人之处就在于：学生自学能力一旦养成，就能加速学习，实际学习的知识量往往会超越教科书的内容好几倍。

3. 偏重低阶记忆，缺乏高阶认知能力的养成

因为考试不能看书，所以教科书的内容几乎都要背起来。这意味着：学生的学习并非在阅读，而是背书。从布洛姆（Bloom）认知目标的角度来看，这种方式训练的只是“记忆”，也就是最低层次的认知能力。更不幸的是，假使我们的学生花了十二年不断训练记忆、理解等低层次认知能力，而且用最高效的方式，能一字不漏地把每个知识点都背下来，但将来照样会被机器人所取代和淘汰。人工智能程序“AlphaGo（阿尔法狗）”打败世界围棋冠军，意味着人类在分析和评鉴方面的能力也开始逊色了；而人类在未来能够长久保有优势的，只有应用和创造。所以在教学现场应该以记忆、理解、分析、评鉴为基础，不断训练学生各种应用与创造能力，这个大方向的主轴可能才是教学转变的当务之急——“学思达”正可以挣脱记忆的枷锁，不断在课堂上训练学生各种中、高层次认知能力。

4. 缺乏批判思考与判断力的养成

传统以讲述、记忆为主的教学，背后的预设是“教科书上的知识全都是对的”。这意味着学生失去了和多元观点的接触，同时也失去了分析和评鉴的能力训练——“学思达”老师经常有意识地通过“学思达”讲义来补充各种多元观点，甚至引用错误的资讯，让学生在课堂上判读、讨论、表达，借以训练学生的批判思考与判断力。

5. 缺乏社会兴趣与开创能力的养成

教科书通常是去年或前年，甚至是更久之前编写完成的。这意味着最新的知识、学生当下时空的事件和内容，并不会出现在教科书当中，学生也就一直背对着时代发展、望向过去，课堂教学难以真正立足于当下，更不用说要转过身来去面向未来了。因此，“学思达”老师经常在“学思达”讲义当中，补充最新的、当下的事件和知识，让学生学习过去的既有知识的同时，还能一直关注于当下与未来。“学思达”老师就是要担任这个重要角色，连接教科书与当代的时间落差，训练学生从低层次能力转向高层次能力，引领学生学习过往、立足当下、勇敢面向未来。

传统单向讲述教学方式，再加上教科书的学习与阅读方式，每天都在学校内进行着，学生的阅读能力、习惯与兴趣，以及理解、分析、评鉴、应用、创造等能力，便难以在学校被训练出来。结果还可能更惨，最后训练出来的学生很可能变得厌恶阅读、厌恶学习！

“学思达”就是想要改变，甚至扭转单向讲述、密集考试和教科书误这三者结合起来的看似合理又稳定的恶性结构。“学思达”可以做到不“填鸭”、完全没有坊间小考测验卷、以教科书为基础大幅超越数倍教科书的内容和知识，还能满足学生和家长对分数的期待（甚至超越明星老师“填鸭”出来的成绩），更重要的是能通过长期、频繁、大量而专注的阅读来培养出学生自学的能力。

※ 张辉诚的教育思索

虽说台湾地区有许多老师倾全力投入在推广“阅读”方面，但是我必须很直接地指出来，比起“学思达”真正每天在课堂上各学科之严肃、专业、深入的阅读，这些推广式的阅读绝大多数很可能只能算是“点缀”。

真正要能改变学生的阅读习惯和增强学生的阅读能力，必须依赖每天在学校的每一节课，长期、频繁而且大量地阅读、思考、讨论和表达，唯有这样，学生的阅读能力和习惯才有可能被大规模地提升和培养出来。

“学思达”老师如何帮助学生展开自学

针对“单向式讲述”所导致的弊端，“学思达”老师的因应之道如下。

首先，只要老师选择采用整堂课全部单向讲述的上课方式，学生马上失去了自学的机会（除非学生上课时不听老师讲课）。因此老师教学方式的改变与否，正是学生能否开始自学的关键。老师愿意将全部单向讲述的教学方式，慢慢逐渐减少时间，最终转向全自学的“学思达”模式，这样学生在课堂上才能有越来越多的时间和机会展开自学。“学思达”的上课模式，一开始都是自学，主轴也是自学，所有上课流程——自学之后的问题思考，学生之间的讨论、发表、教师统整，目的都是为了巩固、强化和深化自学，培养出学生的自学能力，同时又不断提升自学效率，顺便培养出各种多元能力。

其次，教科书的资料严重不足，也会成为学生自学的初始障碍。因此，老师如何运用各种资源和工具，帮助学生顺利自学，也成为老师在备课时的核心考量。教科书资料严重不足，老师便要用自己的专业与能力，判断需不需要帮助学生顺利自学。如果需要，老师需要结合哪些资源和工具，快速且高效地帮助学生自学。如果不需要，老师又必须判断这样的自学障碍，需要花费学生多少时间去克服（学生有时间吗），克服的过程，可以训练出学生何种能力。再者，同样的训练需要一而再、再而三地进行吗？这些都是“学思达”老师在帮助学生展开自学时必须全面考虑的。

第三，大多学生缺少自学的能力、自学的习惯和自学的效益。因此老师必须意识到帮助学生训练其自学能力、习惯，并同时提升其自学效益。“学思达”老师专注于“大多学生缺少自学的能力、自学的习惯和自学的效益”的现实，并且知道这是学生面向未来学习的关键能力之一，因此“学思达”老师必须殚精竭虑、结合专业、长期稳定而频繁地训练学生的自学能力，让学生积累出坚实的自学能力。

如果我们把“自学能力的养成”当作教学主要目标与核心，教学自然而然就会转向“以学生学习者为中心”。当把教学的主体从老师身上转向学生，不仅带动着老师的教学方式改变，另一个关键的改变在我看来，就是“教师专业的改变”。

对“学思达”而言，所谓“以学生学习者为中心”的概念之所以能够成立，其基础是完全来自“教师专业的展现、支持与引导”，两者缺一不可。而这样的结合，又完全指向通过老师的专业不断培养、累积、强化、增强学生的自学习惯与效能。

“学思达”教师如何激发学生自学动力

长期处于填鸭式教育状况下的学生，永远只能被迫地听老师讲述，课前课后皆无须自学，很快就失去了自学的习惯培养和能力养成；即使有放学之后的自学，大多只是为了应付第二天的考试而被迫自学，重点又多只放在记忆和理解方面。

对于这样的现象，多数老师不在乎，甚至连学生也不在乎。这也是“学思达”老师要开始训练学生自学能力时，一开始最常见的困难点：学生不想，或不会，或不习惯，甚至反感自学，而且学生在学校被“填鸭”时间越久，越不习惯自学。至于成绩好的学生，也常对自学出现不适应感觉，原因是他们大多是式填鸭教育的得益者，习惯被“填鸭”甚至乐于被“填鸭”。

然而，真正能让学生持续学习、终生学习的关键在于：老师能否通过课堂重新激发学生对知识的好奇、自主学习的习惯、探索答案的驱动力、结合及运用各种学习资源的能力，以及发挥出应用知识及创造的能力。因此“学思达”的起始，就是通过学生的好奇心，主动探索，然后再结合小组间的讨论与资源共享，最后再进行上台的同学、老师与全班同学之间的共同讨论，周而复始地反馈、刺激、重复、增强学生的自学能力。

1. 通过提问引起好奇心

好奇心是人类共有的天性，也是最容易驱动学生自学的关键。而学生的好奇心最简单、快速被诱发起来的方法，就是老师在课堂上直接反问学生问题。学生一旦接收到了问题，好奇心很容易就被诱发起来。

2. 阅读教科书或资料

学生的好奇心一旦因老师的提问而被诱发起来，学生便很想要知道问题的解答，老师便可以运用这个“求解”（渴望解答）的动力，引导学生开始阅读教科书或资料，让学生到资料中自行探寻答案。

学生直接阅读教科书或资料，不一定能看得懂，所以老师就必须站在学生的角度重新审视教科书内容，有哪些地方是学生看不懂的，老师必须判断：需不需要帮助学生看懂、通过什么样的方式来帮助学生看懂（如补充注解、影片或亲口说明）或者需要提供给学生其他补助工具（更多书籍、平板、网络、教学影片）。然后又要帮学生想：学生有这些工具吗？若有，应该如何善用？若无，应该如何帮助学生补足工具？或者，如何用其他方式替代？这些都是老师必须帮助学生先预先设想好的。

3. 分组和正向竞争机制

当然，光靠设计问题和补充足够而完整的自学资料、影片或工具，可能还不足以形成长期而稳定的自学动力，因此“学思达”又加入“分组”和“正向竞争”机制。

“分组”可以让学生有团队合作的意识，可以相互帮助、相互教导、相互讨论，如程度好的学生教导程度弱的学生。当然，这是理想状况，也是“学思达”成熟之后的真实景况。但迈向成熟之前，可能就会先遭遇许多真实的困难点：学生不想自学，也不想讨论、不想合作，甚至不愿意教别人，或是教别人却教不来、别人学不会，由此而逐渐产生的反弹，甚至会联动起更多学生、老师和家长一起反弹。于是老师的事先说明、事间的应对姿态（萨提亚的重要性马上就出现了）、事后的机制调整，就显得非常重要。

“竞争”，又可以让学生产生另一股动力，特别之处在于“学思达”老师刻意将“竞争”与“分组”及“正向”结合在一起，让学生进入团队合作，同时也进入团队竞争，不再只是单打独斗式的个人成绩恶性竞争。“学思达”希望通过分组之后的“组内合作”（全组分数绑在一起，个人回答都代表全组分数）与“组间竞争”（组与组之间为竞争关系）刺激学习，全都是以“加分”为主的正向激励。所有竞争最后都通通有奖，口头上的鼓励、实质奖品，都是可以的，重点在于让学生从中得到成就感，无论是团队第一名或最后一名，都得到学习的乐趣。当然，老师也可以根据对学生的判断以及自己的能力衡量，未必一定要加入竞争的机制；但如果课堂上无法调动起学生的学习积极性，竞争的机制其实简单有效，不妨一试。

“学思达”的竞争机制，随着学生的自学能力与习惯逐渐成熟，就变成可有可无的了，老师甚至可以取消竞争机制——不只是竞争机制，就连分组、讨论、上台、设计问答题，也都可以逐渐撤除，最后只剩单纯的自学状态。唯有如此，学生离开学校之后，才会真正进入终生的自主学习中。

4. 随机抽签上台发表

最后一个强化学生自学的动力，就是“随意抽签让学生上台发言”的机制设计。由老师针对问题的难易和种类来决定要抽几个人上台发言，可以一个人、两个人，也可以一组，甚至两组、三组。对学生而言，“随意抽签”意味着每个人都必须准备好，每个人也都会有较高的准备意愿。这是因为个人的自学，经由全组讨论之后，个人就代表全组，同时个人意见有了全组的资源，个人就不再显得孤单无助。

对“学思达”老师而言，正是通过环环相扣的机制来强化学生的自学意识：好奇心→设计问题（设计问答题）→补强学生不懂之处（讲义或影片）→分组及正向竞争（分组活动、竞争机制的建立）→抽签让学生上台发言（老师的主持、追问、应对能力的强化）。

同时又考虑到学生的专注时间有限，于是通过“学思达”的五个流程（自学→思考→讨论→发表→统整），不断切换学生学习的样貌，让学生的学习样貌多元，可以自主地动眼睛、动手脚、动身体、动嘴巴、动脑，不会流于单一呆板。

考虑学生自学能力薄弱，于是就开始切分知识点，一开始让学生自学的范围缩小、设计问题较简单、题数较少，逐渐让学生习惯自学之后，就可以加长自学范围、增加问题难度、增加问题数量（甚至一个问题当中包含好几个子题）。

也就是说，“学思达”老师的所有课程设计都是建立在先认识清楚学生的现况、能力及特质基础上来进行的，所有机制都可以灵活调整和变化。这些过程都是有机的，不断变化、不断调整，也不断精进。

02

翻转

为什么需要“学思达”讲义

课堂上的教师教学活动、学生的学习状况，其实存在着学习速度的快慢差异，以及学习效益的高低差异，只是一般人并未刻意察觉其中有何奥秘可言，但里头其实隐藏了翻转教学的核心观念，甚至是翻转教学成败的关键处。

就“学习速度”快慢而言，课堂上的教学过程中，存有三种不同的教学及学习速度：

阅读速度 快于 **讲话速度** 快于 **抄写速度**

也就是说“学生阅读的速度”快过“老师讲话的速度”，而“老师讲话的速度”又快过“写黑板抄笔记的速度”。

传统老师的日常课堂

传统单向式讲述的老师在备课时，经常从阅读课本、备课用书、教师手册或其他资料开始（备课时采用速度最快的“阅读”方式），遇到不清楚或不理解的地方，才会在课本上“抄写资料、制作笔记”（进入速度最慢的“抄写”，但一般教师通常只在刚教书时会大量做这件事，后来教材逐渐熟悉后，就变成偶一为之）。

现在的教科书出版商更帮老师们做好了“备课用书”，资料一应俱全，精美小字彩色套印，老师们过去必须自己抄写的笔记，现在几乎全都免了。于是上课时可以直接参考备课用书，并通过嘴巴讲解。一旦老师上课选择只用嘴巴讲解，学生的学习速度就会变成这样：

（被迫）阅读速度 等于（被迫）听讲速度 快于（被迫）抄写速度

学生上课时，就只能跟着老师的嘴巴讲解来学习、来阅读，老师念到哪里、学生阅读到哪里，完全不能自主或自由阅读，也就不能加快或放慢学习。于是在课堂上，学生最快速的“阅读”学习方式遭到忽略，不被重视、开发、训练，甚至还可能因此被破坏。

一旦遇到课本资料不足或困难处，若是老师想让学生抄写，老师一开始又没有抄写板书，只是单凭讲话，那么讲话速度必定要放慢，甚至要重复念好几遍（因为“抄写速度”赶不上“讲话速度”）。而且不知道学生到底抄写了没；若是抄写了，到底抄对了没有，老师也无从得知，于是还常常被迫要收回学生的课本来检查。

如果老师担心学生单凭听讲不容易听懂，只好转过身来抄写板书，让学生一起抄写，这样又会让师生同时进入“极慢速的教学与学习速度”：老师抄写板书速度慢、学生抄写更慢。这样的模式，唯一的意外好处，大概只有老师的喉咙可以休息、学生的抄写表情专注，秩序良好了！

上述这个过程，大家应该很明显看出传统单向讲述课堂上发生的问题点：

一是学生都处在“被迫学习”状态。一旦老师单向讲解、抄写，学生就必须被迫听讲、抄写、阅读。

二是高速度学习方式的消失。学生大多时间只是跟着老师的讲话速度来进行学习，失去了高速度学习方式的锻炼与培养的机会。

三是高层次学习认知目标的付诸阙如。老师一旦单向讲述，学生只能听懂，听懂正好属于低层次的“理解”，不但失去高层次认知目标的训练（如分析、评鉴、应用和创造），更严重的是，老师的讲述就算学生全听懂，也不过就是全部听懂，难以超越老师（如果以分数来当比喻，老师把一百分的内容教给学生，学生最好也不过就是拿到一百分，但是拿到一百分通常只是少数，绝大部分的学生可能是九十几分、八十几分，甚至更低，也就是说，这是一个教学成效“递减”的过程，教学成效不断减少——如何翻转这个递减过程，正是翻转教学的核心关键之一）。这样就容易形成一个奇怪的现象：学生永远都比不上老师、超越不了老师。问题是，学生连老师都超越不了，如何能够做到一代胜过一代呢？

四是知识来源被老师垄断。在老师单向讲述的教学模式下，学生会慢慢习惯知识是由老师的嘴巴提供，一旦老师离开教室、离开学生，学生就会不自觉地失去知识的主要提供者和来源，因为学生没有被培养出来主动探索、主动学习知识的习惯和能力。（问题在于，在信息科技的推动之下，当代的知识来源已经无法由学校和老师垄断，老师不应该也不能再像过去一样垄断知识，反而必须用自己的专业来引导学生进入大开放的知识网络与系统当中。）

五是学习样貌单一。老师一旦只用单向式讲述，学生只能呆坐在座位，只能专注而认真地望着老师，问题在于学生专注时间其实很短暂、专注精神的状态也不长久，单一样貌的学习状态越久，从某种程度而言，就是折磨学生越久。

走进“学思达”老师的课堂

接着，来看“学思达”老师的备课和上课教书时的速度感。“学思达”老师的备课，除了和传统以讲述为主的老师一样也要阅读资料（快速度）之外，最大的差异在于：他们将原本会在课堂上补充的资料、讲述的内容尽可能地录成文字（备课速度进入最慢速度，因为“抄写速度”远慢于“讲话速度”。这时候大家可能会想到资料充足的“备课用书”对“学思达”老师有多么重要了，因为可以减少老师大量补充资料的工作和时间），让学生得以自学就能看得懂。

同时老师又必须设计一道又一道的问题，一旦老师要开始设计问题，所需时间更久，在这个过程当中，老师也会同时进入“创造”（问题是老师设计的、补充资料是老师专业判断抉择的）的过程，这也是“学思达”老师经常处于思考状态的主因之一。这些历程会让“学思达”老师的备课，比过去传统讲述时的备课还要耗费更多时间，因为“学思达”老师在备课时，最常进入最慢速度的准备过程。

“学思达”老师耗费这么多时间备课，所为何来？目的只有一个，就是为了加快学生的学习速度、提高学生的学习效率。于是在“学思达”的课堂上，学生的学习状态会变成这样：

（主动）阅读速度 快于（主动）讲述速度 快于（主动）抄写速度

学生是依照着问答题的引导进行学习，看完问题之后的指示、引导和补充，开始主动“阅读课本及‘学思达’讲义”（阅读速度最快），然后进入问答题所引导的思考状态，再进入中速度的“讲话”（小组讨论、上台表达）和低速度的“抄写”（自主抄写答案），整个过程都是自主学习状态，而非传统讲述法的被迫听讲和抄写状态。

当课堂从传统讲述逐渐迈向“学思达”自学，我们将欣然看见到学生学习情况的显著改变：学习速度由慢而快，学习效率由低而高。

“学思达”教学，翻转学生的学习模式

在“学思达”教学过程下，学生显而易见地被改变。

一是学生逐渐从“被动”学习，转向“主动”学习。这个学生由“被动”转为“主动”学习的过程之顺利与否、难易与否，是依照学生被“填鸭”的时间长短、适应程度如何，以及学生的个别差异，而有所差别——通常这也是传统填鸭式教学转变为“学思达”教学

成败的初始关键。

二是课堂上学生大多数时间都是高速度学习（自主阅读）。高速度的学习不但会远高于老师的讲话速度，而且经过不断训练之后，学习的速度会越来越快，不像老师的讲述速度会有一定的极限。

三是“学思达”的教学流程会不断变化。学生不会一直呆坐在座位、枯燥地听讲，而是由不断变化着的各种不同的学习样貌，维持着学生的最佳专注学习状态。

四是通过“学思达”老师的讲义设计，有意识地设计出各种层次认知目标的问答题。这样可以训练学生各种多元能力，从传统讲述的低层次认知（记忆和理解），走向更多元、更高层次的学习认知目标（分析、评鉴、应用、创造）。而且，一旦让学生主动思考和创造，学生就会展现出惊人的思考成果和创造力，这些都会让学生很快发现，他们懂的比老师还多、想的比老师还深刻、创发的比老师更精彩，他们会变得更有自信，这样才有可能一代胜过一代。

五是“学思达”教学现场，学生拥有和老师同样的资讯。学生可以同时采用各种书籍（即使连参考书和老师一样都没问题），可以运用手机、电脑翻查、观看各种网络资讯，而不再被老师垄断知识来源，而老师用专业的设计引领学生走向“知识大开放”的新时代。

03

关键

“学思达”讲义制作核心

老师课前制作讲义的能力以及讲义问答题的设计，是“学思达”教学成败的关键。接下来，我们先来谈谈“学思达”讲义制作的基本精神，以及“学思达”讲义共备的特色。有关如何进行问答题设计的问题，将于“心法二”中做详细介绍。

改变，先从教科书开始

“学思达”讲义主要包含四个组成部分。

一、**设计问题**。问题的设计，一开始就是以教科书为出发点，同时根据学生的自学能力和专注时间，先切成小单元，不断用问答题引导着学生自学。

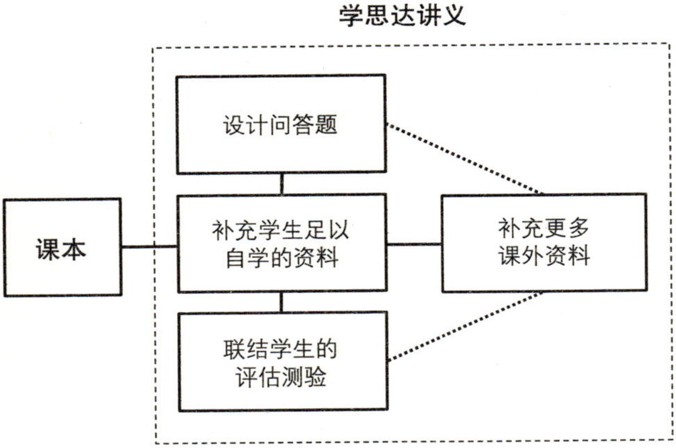

图四："学思达"讲义的四个组成部分

二、**补充学生足以自学的资料**。老师必须补充资料（各种形式皆可，文字、影片、音乐、图像、表演、活动等），补充到学生能够自学的程度。老师讲话的内容最好都整理成文字，因为学生的阅读速度其实超过老师的讲话速度，老师上课一直讲话，就会耽误学生大量学习的机会和时间。

三、**补充更多课外资料**。随着学生阅读速度增加，阅读量必定大增。

四、联结学生的评估测验。老师从题库中选题或自行命题，标准是"量少而质精"，针对每个知识点进行测验，就可以不再使用一张张评估测验卷，如果能搭配电脑平台测验，效率更高。

请特别注意一点，学生之所以无法自学，常常导因于课本提供的资料严重不足。以文科为例，学生课本上资料严重不足，所以老师上课经常处于补充课本不足之处的教学过程：经由口说或抄写板书，提供给学生更多的资料，以便学生能够顺利理解课本内容，然后再试图加深、加广课本内容。

现在学校普遍配有多媒体设备，老师可以选择将抄写的内容转成 PPT 直接投放出来，但是学生仍免不了抄写。于是又有老师将 PPT 内容在上课前或上课后直接印给学生，这个转变的过程其实已经越来越趋近“学思达”的起始点，不过印制资料仍然需要耗费许多的时间与资源。

基于以上现状大家自然很容易想到，可以用参考书来补足课本内容之严重不足。讲到这里，大家就很容易回想起我在前面所说的话：“教科书编写错误，参考书业者获利。”倘若不相信，请把课本和针对课文所编写出来的参考书拿来相互比对一下，就能发现很多参考书的内容有一半和课本几乎一模一样，这不是很奇怪吗？学生为什么要买这样的参考书呢？更糟糕的是，参考书还会同时夹带赠送一大堆无意义的评估测验题。

问题来了：“为什么不能抛弃课本，改用参考书上课，这样不就不用浪费钱，买两本书就可以了吗？”当然不行！一方面教育部门明令禁止，另一方面老师自己也会担心，参考书上面什么资料都有，老师上课要怎样教啊？

要如何克服这两个问题呢？我的看法很简单：可以直接将原本提供给学生的课本改成“教师备课用书”（台湾地区的教师备课用书，现在已经编排得非常精美，除了保有课本原貌之外，还增加了许多彩色小字套印，补充上课时所需的完整资料，又能免去一大堆参考书上不健康的评估考题）。如此一来，不但没有违背教育部门的禁令，另一方面，又能让老师在学生都拥有“备课用书”的情况下开始改变传统教学方式，创造全新的教学方式。

因为对习惯于传统讲述的老师来说，一旦学生拥有充足资料的备课用书之后，老师突然不知道应该怎样教书了，老师马上意识到不能再把自己视为知识的提供者与解说者。当老师要补充的资料，学生都有了；要讲解的部分，学生自己都看懂了，这也就是我说的“学思达”起始点。这时，老师必须开始想到，如何不再利用知识不对等的优势进行教学，如何开始改变教学、升级教学。

一般对备课用书的认识，仅止于能帮老师节省大量备课时间；但我认为备课用书真正的最大功效，应该是发给学生作为自学阅读的基础材料，如此会发挥更大且惊人的成效。这正是一个翻转关键：

教科书的改变，可以促成教学的改变！

运用影片等资料补充课本之不足

再谈理科。如果学生通过文字的资料补充依然难以理解，“学思达”老师就会首先选择如下两条路：

一、“学思达”老师可以先教核心观念（如何提炼出核心观念，就属于老师的专业能力范畴），然后再让学生自学、思考、表达。

二、老师如果不想一遍又一遍、一年又一年地重复讲解核心观念，就可以选择先录像，让学生运用课前、课间、课后任意时间观看影片。影片的来源，可以由教师自己录，也可以上网搜寻——如果大家够敏锐的话就会发现，这就是“翻转教室”的观念，“学思达”很快就可以因为教学方式的改变，开始和翻转教室结合在一起（这也正是“学思达”和翻转教室的平台提供者如“均一教育平台”“洋葱数学”会有合作关系的主因），然后再让学生自学、思考、表达。

兹依上述，将文科与理科教材补充方式的差异，简列小图，示意如“图五”。

如果台湾的初、高中课堂教学没有办法革除“填鸭式教学加不间断考试”对学生的戕害，学生就几乎不可能有时间看“教学影片”；

老师没有训练出学生的自学能力，就算学生回家有时间，也不一定会看“教学影片”。所以我曾向均一教育平台（诚致教育基金会）方新舟董事长说：“唯有‘学思达’先让台湾地区初、高中课堂教学达成高的教学成效，可以抛开填鸭式教育和铺天盖地的小考压迫，回家之后不用再为了准备第二天的考试而读书，才可能有机会腾出时间开始观看教学影片，否则就只能偶尔为之、点缀性地翻转，而非常态、稳定和长期的学习状态；同时又能在课堂上，经由老师专业的引导，训练出学生越来越强大的自学能力，学生也就越来越自主地在家、在学校自主观看影片。”换句话说，我认为翻转教室中学课堂上的成败关键，正是学生的“在家时间的腾空”与“自学能力的养成”，没有先把这两项关键要素解决，要全面推广翻转教室，可能并不容易。

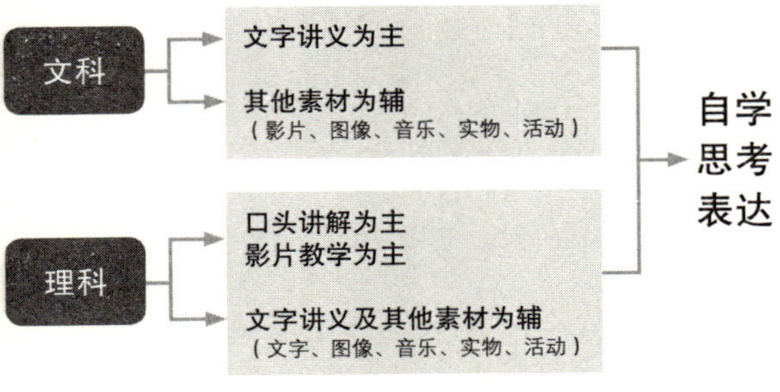

图五：“学思达”文科与理科教材补充方式

“学思达”讲义的考量因素

当“学思达”老师要开始帮助学生自学，一开始就必须同时考量学生的如下几个关键点。

- 学生当下学习的起始能力（此点牵涉讲义制作时的难易度考量，以及资料补充的多寡考量）。
- 学生的自学能力与习惯（此点牵涉“学思达”流程的各种变化、增减，以及一开始自学时间的长短抉择）。
- 学生的专注时间（此点牵涉自学时间的长短，以及自学最长时间的判断）。
- 如何驱动学生开始自学（此点牵涉“学思达”流程的各种机制设计，以及讲义的编写思维）。

但身为老师，并不只是要满足学生的需求而已，还有自己专业的坚持与考量，甚至是教育的理想与抱负。这也是“学思达”最强调的地方，虽然一开始是“以学生学习者为中心”，但是最重要的还是“教师的专业”。因此作为一位“学思达”老师，心中恒常考量的是如下几个重点。

1. 永远考量“时间成本”与“效益”

每一个“学思达”流程、每一堂课，老师必须仔细考量“时间成本”“效益高低”，以及“评估效益”。每一个知识点，老师分配多少时间教授？学生需要自学多久、讨论多久、发言多久、理解多久，多久消化掉知识点？都必须加以考量。另外，一开始的进度落后应该如何克服？教学效益如何越来越高？这也都是老师必须时时挂记在心的。

当老师刚开始把“学思达”带进自己的课堂，往往会发现“时间成本”耗费惊人，因为学生还没有养成自学的习惯及能力，自学速度慢，也不知道如何讨论与上台发言，老师经常必须从头开始教起。但如果学生从小学就开始进行“学思达”训练，就不会有这些困扰，不需要重复浪费训练的时间，更能持续精进、增强“学思达”能力，这也是为什么我们努力要让“学思达”十二年一贯的主因。

一旦学生培养出自学能力，教学进度就不会再是问题，因为学生的阅读速度是老师讲话速度的好几倍，进度只会超前，不会落后。但是这个转变和培养的过程，通常需要数个月，常常会成为“学思达”老师最辛苦的阶段。

解决之道是一开始可以先不用全部“学思达”，而是每一堂课利用最后的五到十分钟，先让学生尝试一回完整的“学思达”流程。

慢慢训练之后，学生渐渐纯熟，每堂课再增加一回，变成课后、课中两回“学思达”流程，循序渐进，逐步训练学生的自学习惯与能力，同时搭配着传统的单向讲述方式，让统一教学进度这个因素不会成为老师和学生的压力。

如果每一个全新年段（小学、初中、高中）的每一个新学期，第一次段考周期可以大幅度地减少授课内容，以培养出学生的自学、思考和表达能力为目标，循序渐进地进行，虽然一开始可能会落后传统讲述者所传授的知识内容，但是“学思达”最大的特点是学生的学习速度会不断增加，大约一年到一年半，就能赶上传统讲述所提供的知识内容。而且接下来的发展才惊人，“学思达”的学生会开始掌握超过传统讲述者提供给学生的知识内容数倍，甚至数十倍。

传统讲述者的教学速度受限于讲话速度（如果讲太快，话会“纠结”在一起，学生不可能听得清楚），但是学生自学的阅读速度远快于老师讲话速度，而且可以继续训练、继续增强。“学思达”就像在跑马拉松，比短跑肯定跑不赢最容易看到短期效果的“填鸭”，但是如果要比长期，“填鸭”根本不是对手。

2. 依据不同教学目标融摄不同教学概念

每一个老师对于想要训练学生何种能力，可说是因人而异，言人人殊，每学科强调的能力也都不一样。“学思达”之所以迷人，且可穿透到各个学科的主因就正在于“学思达”提出一个基本能力训练的观念：自学、思考、表达。这三个能力恰恰是填鸭式教育所不能训练出来的，正好成为一个有别于填鸭式教育的鲜明旗帜。

“学思达”所打造出来的教学模式，能够让老师们意识到通过“学思达”教学流程，不但可以训练学生自学、阅读、思考、讨论、合作、分享知识、发表等多元能力，也可以完成他们自身教学上的理想与期盼。

其关键就是“设计问答题”加“讲义补充资料”本身，“问题”结合“补充资料”可以设计出各式各样的能力训练。例如：老师想要让学生成绩变好，就让问题设计和讲义内容的重心偏向考试；老师想要让学生有行动力，就让问题设计和讲义内容的重心偏向任务型的实际活动；老师想要让学生有国际观，就让问题设计和讲义内容的重心偏向国际观。

每个知识点，教师想要训练学生何种能力，就设计什么样的问题来训练学生。教学目标也好、认知目标也好，老师最好都有一个清晰的概念，甚至是一个完整脉络的概念。我觉得布洛姆的“教学认知六目标”可以作为基础，然后融摄或结合其他不同教学概念，形成一个愈来愈繁密、多元、灵活、变化多端的新结构，如“焦点讨论法”（ORID）、“问题导向学习”（PBL）、“重理解的课程设计法”（UbD）等，甚至如 PISA 评测的阅读能力（着重思考与自学能力）所包含的“撷取信息、理解文本、反思与评鉴”，皆可融摄或结合起来。（关于这些融摄，在“心法三”会详细论述）

同时老师也需要根据自己的能力、专业以及各学科的特质，各自再去培养出学生各种能力，不论是语言训练目标——听、说、读、写，还是品格的训练目标、技艺的训练目标，只要老师规划好想要达到什么样的目标，通通可以考虑进来训练学生。

这样大家应该很清楚的了解到：这就是为什么“学思达”不怕课纲更改，也不怕谈能力、谈素养、谈愿景。无论要强调什么，“学思达”都可以通过老师及讲义去触及、训练、达成。

3. 思考课本与补充资料的关联与联结

老师永远要站在学生的角度想：课本上的文字，学生自学可以看得懂吗？如果学生看不懂，老师要如何帮助学生看得懂？采用什么样的方式？是要用传统讲述，还是用文字或影片？

4. 谨记学生最佳专注时间有多久

学生最佳专注时间约五到十五分钟，那么阅读资料所需时间就尽量不要超过学生最佳的专注时间。所以每个知识点都要拆开，用一个又一个问答题来当成学生自学的引导，分成一个又一个适合学生吸收的小单元。

5. “学思达”的五个步骤一定都要有吗?

“学思达”课堂五个步骤——学生自学、思考问题、组内讨论、上台发表、老师统整——的安排，必须依照学生的状况（能力高低、程度好坏做综合判断）、问答题的难易程度，随时做出各种变化，可以保有五个步骤，也可以减少一个或数个步骤。当然，也可以再增加其他步骤。

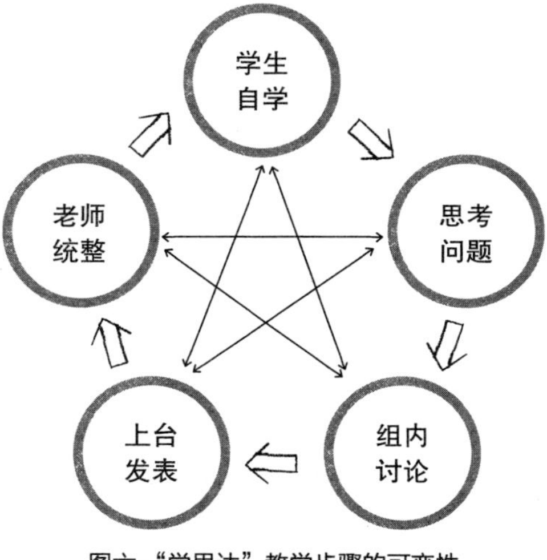

图六：“学思达”教学步骤的可变性

6. 学生全自主学习的可能性

要不要放手让学生自主学习、自己动手找资料，甚至自己设计问题？可以的，但依然要考虑到时间成本如何、效益如何、训练学生何种能力、是否要一直这样频繁训练；还要考虑到如果让学生回家去做这些事，学生回家后有多少科的作业、有多少家庭时间，而不是一厢情愿地要学生回家完成。有没有办法直接在课堂上完成（如果可以，就不需要让学生回家做），完成这些作业需要哪些设备、阅读多少资料，学生有无判读资料的能力，老师要不要先教学生如何判读资料，这些也都是老师必须考虑的。

对于刚开始运作“学思达”的班级，我的建议是不要一开始就直接让学生自学，因为这样老师的专业作用就消失了。例如，有些老师会让学生回家或在课堂上自学，然后让学生发问哪里有问题，甚至直接让学生设计问题，然后在课堂上就针对学生的问题回答，或让学生研究后相互回答各自的问题。这样的形式不是不能做，而是一开始不能这么做（除非学生有经过训练、拥有强大的自学能力），因为学生问的问题通常是因资料不足或理解能力不足而产生，学生很难问出高层次的问题，而这部分正是老师展现专业能力的地方。老师给予学生足够的引导和训练之后，才能慢慢放手，最后引导学生进入全自学状态。

7. 是否进行跨学科的主题式教学

“学思达”教学一段时间之后（我的看法是两轮左右，也就是六年之后，“学思达”教学方式渐渐成熟，掌握了流程和学习速度，可以满足体制内对于统一教材、进度及成绩的要求与成果），老师自然而然地就会开始想要开展主题式教学，原因在于学生学习速度增快、成绩越来越稳定，空出来的时间越来越多。

一开始的主题式教学可能是先从同一册教科书内的相近主题开始（有些国家和地区直接就把教科书编成主题式，老师就没有这种烦恼，但若有些教科书还没有编成主题式，“学思达”老师就可以开始着手切入）；另一种则是因为学生学习速度加快，可以在教科书外进行课外书的主题阅读，这是属于外部增加式的；最后“学思达”老师之间，即使不同科，但是有共同的教学观念、流程，以及制作“学思达”讲义能力的话，就很容易开始产生对话，相互联结自己的知识点，以能力、素养或知识特质为核心，开始跨学科（两科、三科，甚至多科）的主题式教学。

8. 兼顾能力与成绩的评估设计

“学思达”老师需不需要巩固学生的考试能力和成绩，对分数的重视与否，会因国家、地区、学校、家长的不同而有很大差异，当然亚洲地区家长们普遍对成绩还是极其重视的。所以老师必须想一想：需不需要学生、家长、学校、同事之间对分数的重视；如果需要，则要考虑清楚有没有必要加强，如何加强。

“学思达”老师如果需要满足学校、家长和学生对成绩的期待，就把“学思达”的课程设计重心重新朝向“成绩”即可。有一个简单方式，每一个知识点先用问题来指引学生自学重点，最后再测验形式（通常为选择题）来强化学生的应试能力。可将评量分散在各个知识点之后，依老师专业来挑选或设计几道试题（而不要用整张的测验卷），每一道题都附给学生详解，方便学生自学、自己订正。如果可以，也可将评估题目放在网络上（结合学习平台），方便学生练习、评估，也方便老师整体又个别地知道学生的学习状况。如此一来，无论是和过去单向讲述方式相比，或是和同年级其他单向讲述老师相比，通常都可以看到学生成绩持平或进步，甚至出现最好的成绩（如果成绩出现下滑，则显示教学重心可能有误）。

除了成绩之外，“学思达”老师更在乎能力，只是能力指标或评估，在台湾地区并没有统一、客观又良好的评鉴方式。我一直觉得家长和学生之所以过度注重成绩，台湾地区的“制式成绩单”也要负很大的责任，因为家长和学生收到的成绩单，上面大多只有学业成绩，加上家长看不到学生上课的实景（所以开放教室，欢迎家长来观课多么重要），每学期只能看到写满各科成绩的成绩单，却要求家长和学生不要太在乎成绩，真是强人所难。一旦“学思达”培养出学生各种能力，“学思达”的成绩单便可以应运而生，第一张成绩单就是学生各种能力指标——自学能力、思考能力、表达能力、合作能力、阅读能力、理解能力、教导能力、团队竞争能力等，最后一栏才是：“学科成绩：详见后附传统成绩单”。

为什么传统成绩单改不过来？因为老师习惯单向式讲述，这些学生的综合能力便很难培养起来；但是只要教学方法改变，一旦采用“学思达”教学形式，成绩单就有了重新设计的可能与需求。类似的、很多看似坚固不可改变的东西，在“学思达”之后就会一个接一个开始改变起来。

04

联结

“学思达”如何进行讲义共享

“学思达”讲义以呈现“课堂知识完整内容”为主体，讲义中包含了老师的思维（如何设计问题）、老师的授课内容（如何说明）、老师的解说方式（如何注解）、老师的学养（如何补充资料）、老师的关注（如何评估等）。这样的“学思达”讲义，很快就可以通过文字的记录，完整展现出老师的授课内容、流程以及设计课程的思维。“学思达”讲义可以让课堂内容和流程大多转为文字记录，于是随着“学思达”讲义的分享和传播，会慢慢产生一连串的连锁反应。

“学思达”讲义共享引起的连锁反应

首先是老师通过“学思达”讲义相互交流，有些老师就直接采用其他老师分享出来自行制作的“学思达”讲义，如此一来，课堂内容和流程就变成可复制、可相互传递。有些老师会下载其他老师分享出来的“学思达”讲义，并根据自己的学生的特质与程度，加以修订，如此一来，课堂内容又变成“可再创造”以及“可特制化”。再者，年轻资历浅的老师采用了资深老师的“学思达”讲义，就能建立在资深老师的丰沛教学内涵之上，如此一来，课堂内容就又变成“可累积”（这一点非常重要，可以让年轻资历浅的老师站在前辈老师的基础上，后浪才能真正得到前浪的帮助和滋养，并且快速超越前辈老师，这样才有可能一代胜过一代）。又有老师会根据他人的“学思达”讲义，继续深化或增补内容，如此一来，课堂内容又变成“可深化”。也有老师会根据当下时代的变化与资料的更新，不断修订“学思达”讲义，如此一来，课堂内容又变成“可随时更新”。再者，老师们将“学思达”讲义全部公开在“学思达”“讲义分享平台”（Share Class），供大家观看和下载，如此一来，课堂内容又变成“可检验”。最后，即使是一般民众认为较为简易的小学课本知识，都可以通过“学思达”讲义的呈现，表现出“高度的专业性”。

这一连串“学思达”讲义引起的连锁反应，会让“学思达”老师产生愈来愈多的内在能量，这些能量不断鼓舞着制作讲义的老师——他们会进入时时刻刻都在思考、设计课程和制作讲义的热情当中；也鼓舞着使用“学思达”讲义的老师——他们从讲义中学到许多其他“学思达”老师的思考与设计成果，也会跟着一起成长；也会鼓舞着更多老师持续分享出各自的教学智慧结晶，更会帮助学生进入迷人的“学思达”学习课堂。“学思达”充满着分享的快乐、感动的喜悦、感激的情绪和欢快的气息，慢慢形成一股由小而大的善的正向能量循环。

从跨越各种界线开始，再回到专科与专业

“学思达”是教学方法上的创新，因此凡是和“教与学”活动有关者，无论什么学科、领域、地域，一定都可以和“学思达”结合。所以“学思达”很快地就能够跨出领域之别，跨越学科之别，迅速从小学拓展至大学，甚至学校之外的企业界都已经有用“学思达”方式来训练新进员工的。换句话说，“学思达”一开始就展现出了“跨越”与“联结”的强大功能，让原先壁垒分明的学科界线、体制分

野、产学代沟，甚至地域差别，都能紧密联结在一起。再者，“学思达”很快让教学指向“以训练出学生能力为导向”的目标，这些能力的养成又同时满足了跨越与联结各学科、体制和产学之间的需求。

一旦从认识进展到实践，又会从跨学科、跨领域、跨产学、跨地域，再回到各自的专业之中发展。所以以经验分享、共同进步为宗旨的各类“学思达”专业社群相继产生，从“‘学思达’教学群”开始，到后来衍生出的“小学语文‘学思达’群”（蔡志豪老师主持）、“‘学思达’英文社群”（郑博仁、徐晓薇、张倩玲老师主持）、“‘学思达’数学群”（刘继文老师主持）、“‘学思达’分馆——地理共享群”、“新加坡‘学思达’研讨群”（邓禄星老师主持）、“马来西亚‘学思达’教学群”（蓝志东老师主持）、“香港‘学思达’研讨群”（刘华老师主持）、“澳门‘学思达’研讨群”，欣欣向荣。

从网络共享出发，再回到实体共备

就“学思达”讲义共享的进程而言，可分为以下三个阶段。

1. 分享讲义

一开始，“学思达”的共享大多集中在对“学思达”教学法的认识、接收与实践上。所以我们先打造出全台跨校的"'学思达'讲义平台"，让大家的讲义可以上传到公开网站，让其他老师可以自由点阅、下载使用。因为有了"学思达"讲义，课堂内容变成"可用文字记录"，老师们不一定要面对面共同备课，也不一定要亲自到课堂才能知道对方的授课内容与方式，照样可以通过网络平台进行共同备课、相互交流。

"学思达"平台的核心关键，就是要引领老师进入一个创新的过程，不再只是单方面接受传输知识，而是成为一个平等的资料讨论者、创造者。就学科专业而言，老师可以通过"学思达"共享，接触多元思维、不同的设计方式，更能刺激老师思考、开阔老师视野、促进专业成长，使讲义越来越精密、越来越周全、越来越特制化、越来越显现出集体智慧之结晶。就教学创新而言，老师可以通过"学思达"共享，分享彼此面对教学困难想出来的解决之道，如小道具、小游戏、各种新机制等。

通过"学思达"平台，老师不仅可以分享个案成功之喜悦，以及成功之道；也可以分享个案之痛点，寻求大家一起合作、帮忙。课堂教学无论遭遇何种学生问题或教学困难，都可以由所有"学思达"老师一起面对、提供各种解决之道，甚至一起进到任课老师的班级，共同来解决困难棘手的学生问题或教学问题，让老师不再处于孤立状态。台东高中罗胜吉老师就经常分享他所遭遇的困境，得到很多老师的共鸣与认同；看着他分享是如何一步一步克服困境，更每每让老师们感动，得到更多信心与鼓舞的。“学思达”的精神就是面对问题、想出办法、解决问题。

“‘学思达’教学群”就是一个跨地域性的教师支援系统，可以及时提供各种教学问题的询问与解答。

2. 现场观课

看到讲义，再到现场观课，是第二个共享过程。换句话说，“学思达”的共享起点是以老师们共有的“学思达”认知为基础，在这一共同基础上各自发挥其专业素养及专业能力。我常说，共享不是一群人讨论就能产生大的突破，如果是一群传统讲述的老师一起共享，其结果只是让讲述法更加精密而已。共享是需要有人“带领”与“引导”，不断用创新和创意一直改良教学。“学思达”之可贵，在我看来，只不过就是正好提供了一个创意的起点和重要基础。

当越来越多相同领域的老师出现，这些老师就会汇集在同一专业领域下讨论专业知识。进行共享时，很自然就会出现一个“差异化”的现象，对“学思达”的老师而言，倘若面对没有“学思达”教学概念的老师参与共享，共享的重点就必须还着重在“带领”和“引导”，想办法顺利让这些老师快速进入“学思达”状态；若都是有“学思达”概念的老师一起共享，就能进入专业讨论，针对“学思达”讲义设计、教学方式、老师状态、学生学习等方面深入讨论。

3.“学思达”学校

当各自专业领域的老师们越来越趋于成熟时，“学思达”的共享就会又进入另一层次，一定会再次开始出现跨学科、跨领域，甚至跨地域的联结，出现完全以培养学生能力为导向，结合各领域之核心知识，建立联结、建立更有效率的上课模式、知识系统以及授课进程（如果大家够敏锐的话，就会意识到台湾地区的教育内容基本上是各自独立，学科之间壁垒分明，并没有连贯起来），如此一来，“学思达”最后必然会打破课本传统的编写方式、打破跨学科壁垒，改变学生不连贯的学习历程——不是九年一贯，也不是十二年一贯，而是一辈子连贯——的学习历程，打造出全新的学校和学生自学的模式。

这也就是真正“‘学思达’学校”的模样！

※ 张辉诚的教育思索

“学思达”会带给老师最重要的收获是什么？

第一，让老师走向成长之路，一辈子不断成长，能力不断增强！

第二，老师会走向互助，分享教学、讨论教学。当一位马来西亚的老师在网络上发问，世界各地、各年级老师马上提供建议，甚至各科老师都一起参与。“学思达”能完全打破地域、打破年级和科别，让老师在教学之路上永不孤单。

心法二

问题设计力

05

定制化教学

“学思达”问题设计的结构

“学思达”教学之成败，取决于“课前制作之‘学思达’讲义”与“课间教师之主持能力”两大关键。“学思达”讲义的重要性在于呈现教师学养与知识决断力，以及运用教师的专业性来指引学生学习，而教师课间主持的重要性，则在于驱动“学思达”教学在课堂教学的真正实践（关于此点，下一章节会详细论述）。至于“‘学思达’讲义”的成败，又以问题设计为关键，问题设计之好坏，直接影响“学思达”教学的品质。问题设计通常包含三个部分，分别是学习指引、问题思考点（可加入教师解说）与教学形式。先举一例，便于说明：

请阅读课本第十三、十四页、备课用书第三十二页第二段、底下讲义补充资料及相关网址资料（学习指引），**请问四位作者的主要**

论点为何？你赞成哪一位作者的观点？为什么？（问题思考点）此题请先自学后再小组讨论。（教学形式）

1. 学习指引

问题一开始，老师可先通过文字（取代老师口头指示）明确指示学生自学的方向、内容与范围。如此一来，可以达到以下三个好处。

第一个好处是明确提示学习范围。老师可以明确让学生知道学习范围，而学习范围可以是课本内的范围，也可以是老师同时布置的多样资料（如上面例题上的指引，就有课本、备课用书、讲义和网络资料），如此便可以让学生以课本为主，进行基础学习，又能摆脱课本的束缚，进行更广泛的阅读与学习。若改由老师口头一个个交代学习范围，不但速度慢、效率差，甚至有些根本难以用口头直接表示。

第二个好处是增进学生认知层次。学生有了宽广、多元的学习范围和内容之后，又可以展开更高层次的认知目标训练，让学生可以进入学习内容之间的分析、评鉴，甚至是应用与创造。

第三个好处是进入差异化教学。每个学生都可以根据自己的学习能力、学习状况、学习速度，有多种选择和变化，有的可以在课堂上跟上整体学习速度，有的也可以超前，有的也可以落后，因为老师将所有学习指引都写在讲义上，这样学习方向、内容和范围就会一直存留在讲义上。学生可以根据教师的学习指引自主学习，而且绝大部分的答案都可以在课本和讲义上找到答案（除了开放型的问答题之外），因为老师已经先帮学生设想好预先补充好学生得以顺利自学所需的资料，不会随着老师用口语询问之后，问题本身就逐渐消失，时间越久，消失越多。换言之，“学思达”到最后一定会自然而然进入“差异化教学”。

问题设计的学习指引，也可以换成“任务型”的学习目标，例如：“阅读全文之后，请小组将课文故事演出来（或说出来、画出来）。”

只要老师懂得“学思达”，懂得用讲义设计“学习指引”，教学内容就会走向大解放，不会只是一直局限在课本当中，而是带领学生一起走向全开放的知识学习新天地，特别是网络上的学习资源已经越来越多、越来越好，而且只会不断增加，不会减少，这些都是师生学习的巨大宝库，也是未来学习的主流资源。

2. 问题思考点

关于“问题思考点”的设计，牵涉甚广，而且牵一发而动全身，留待下一节详细论述。

3. 教学形式

问题设计时，可以同时设计好教学流程和形式，直接写进讲义的问题上。课堂教学就会依照每一个问题的进行与指引来实践，每一个问题又都用文字把教学形式、过程与学生展示方式呈现出来。

例如，有任何特殊要求（若是整个过程是正常的“学思达”步骤——自学、思考、小组讨论、上台展示、老师统整，就可省略不写）都可以直接显示出来，如分组讨论的要求形式：可以采用不讨论、两人讨论、四人讨论、六人讨论等，也可以前后两组一起讨论、一大排讨论等；上台展示，可以选择一人上台回答、两人上台回答、小组上台回答、站在原位回答即可，等等。又或者是时间上的要求，也可以直接写出来：“这一题限时自学 × 分钟、讨论 × 分钟”；又如作业或考试的相互检查要求形式，可以是左右同学相互检查，也可以是对号同学相互检查等。

换句话说，只要是老师想到的教学流程和形式，都可以预先写在问题当中，让学生明确知道自己的学习时间、方式、过程和学习成果呈现方式。如此一来，老师自然而然就会开始有意识地进行课堂设计，每一个问题、每一个知识点，需要耗费多少时间，要达到什么进度，要进行怎样的教与学的形式，要达到什么效益，要达到什么教学目标，都会仔细预先考量。

这个过程，对“学思达”老师来说很奇妙也很重要，“学思达”老师未必要学习很多教学理论、学习很多课程设计概念，而是通过简单的教学技术改变，就会自然而然地走向全面性的改变：师生一起朝向知识大开放的新世界，也会结合翻转教室的线上教学影片资源，同时又会拥有课程设计的概念与实践，并且也会开始逐渐深入各种教学专业理论和实务，不断精进。这也是“学思达”迷人的地方，曲径通幽，引人入胜，精益求精。

06

问题思考点设计

讲义制作的预先考量

“学思达”讲义之问题思考点的设计，是建立在一个个的预先考量基础上，接下来先谈“学思达”讲义之问题思考点的六个预先考量。

1. 学生程度高低的分析与判断

问题思考点的设计，第一最优先考量的一定是学生的程度。每个老师面对的学生都不一样，只有任课教师才最了解自己的学生，比如：城市学生和乡村学生、男学生和女学生、普通班和特殊班……老师必须根据自己对学生的充足认识而增加补充资料、设计问题。换句话说，“学思达”讲义就是“定制化教学”，也就是因材施教。

如果学生程度低的话，就可以刻意让自学阅读课本教材的范围减少（切成更小单元）、补充资料也大幅减少、资料说明的难度也降低、问题数减少、问题困难度也跟着降低。若是学生程度高，就可以让自学阅读课本教材的范围增加、补充资料也跟着增加资料的难度也升高、问题数变多（同一个问答题内也可以接连问好几个问题）、问题难度也提高。

如果学生连阅读能力都没有（如幼儿园、低年级的小学生），那么自学的讲义，就可以改由物品、图片、影片，或者用图片来解释文字，然后直接用口头说出问答题，让学生开始进行思考和探索，再进行讨论和发表。所以说，即使是幼儿园生或小学一年级的学生，照样可以做到完整的“学思达”训练。附带一提，关于小学一年级学生、小学二年级学生的“学思达”教学，台北市光复小学黄彩霞老师第一个实践成功，并且随时开放教室供老师们进班观摩，感动了很多老师。另外，幼儿园的“学思达”教学，广东东莞小牛津集团辖下的几所幼儿园已经开始实践，也取得成功，除了绘本课之外，现在进展到连数学课也开始进行“学思达”，并且在家长会时用“学思达”教学公开授课，获得许多家长的肯定与认同。

也就是说，老师设计问题思考点，完全是根据学生程度之高低来进行设计。因此，“学思达”讲义的设计，必须根据学生的程度不同而有所不同，难以一体适用，这也是“学思达”讲义分享平台，会将讲义的类别区分为“难、中、易”三种类别的主因，就是根据学生的程度而区分，当然学生程度不是只有三种，但是有了三种之后，就有参酌、比较和调整的标准。

2. 每一个知识点的学习目标（短中长期以及各种目标）

每一个知识点的学习目标会因老师的关注和能力不同而大相径庭。有的老师可能只是将每个知识点，期望做到让学生能够听懂（理解）、考试时可以拿分即可（记忆加理解）。有的老师则希望每一个知识点在考试之外，还能达到更高的认知目标，并且将这些知识运用于真实生活（应用）、可以进行分析和判断，甚至可以创造出更多的知识或作品出来，即使考试根本不考——可见老师的眼光、能力、期许和关注点不同，就会产生极大的差异。

但是无论如何，每一个知识点的理解，确实是属于该节课的具体目标，而且也是该节课最重要的目标；再者，学校的统一小考评估、每一个学习阶段的重要考试（如高中入学考试、大学入学考试等），这些都是不能回避的。如果老师必须面对这些评估及考试，对“学思达”而言，就是直接将问题设计的重心调整成可以应对考试，紧密地和考试重点结合在一起，但教学时依然用问题来问学生，用问题来引导学生学习和思考，最后才以重要考试的形式（如选择题或其他命题方式）来每天增强学生的应对考试能力。请记住：只要“学思达”想要加强什么能力，就将问题的重心转向该能力以及可以培养该能力的训练方式即可。

当然，除此之外，每一个老师都有自己的学科专业、素养和教育理想，以前在传统单向式讲述的教学中，可能觉得难以实施，甚至常常因中小学生程度不高、听讲状态不佳，觉得自己大材小用，甚至怀才不遇。一旦用了“学思达”教学法之后，老师很快就会发现不会再出现这种感觉，反倒会因为学生学习时的积极投入、专注神情而感到振奋。老师们实施“学思达”教学时会因为知识相互激荡而产生收获与困惑，惊觉自己能力不足、学养不够、应对能力不好，因而又产生出另一种积极向上的动力。自然而然的，老师已经隐藏许久的“学科专业、素养和教育理想”，在“学思达”教学当中，都可以逐一实践出来，培养出学生一辈子各式各样带得走的能力。

3. 教师专业对每一个知识点的理解程度、深入程度、串联与扩散能力

老师通过补充资料及问题设计的搭配与结合，将每一个知识点传达给学生，让学生得以通过自学、思考、互相讨论以及师生问答和对话形式来进行学习，但重点又在于老师对于每一个知识点的理解程度，理解程度愈高，深入程度愈深，就愈能通过“问题设计”让学生进入更高层次的学习目标。例如，一个老师对一个知识点的理解程度愈高愈深入，就能设计出更丰富多元的问题，即使只是简单解说“一加一等于二”，也能有各式各样的问题设计和资料补充，例如“图七”。

若要设计“问题 1”，老师便要判断，需不需要再额外补充“阿拉伯数字的来源故事”相关资料，先让学生阅读？若要设计“问题 2”时，老师便要判断，需不需要额外再补充“＋”和“＝”相关资料，先让学生阅读。

当然，这些问题还可以不断延伸下去，延伸到何种程度，牵涉老师专业上的串联和扩散能力，例如有些老师可以将 0 和 1，和“电脑程序语言”结合在一起；提到二进位，需不需要再提一下

英国数学家布尔（Boolean）的“布尔代数”或者和《易经》的阳爻和阴爻结合在一起……例如图七“问题 9、10”。如此一来，就可以再延伸设计出更多元问题。上述这些，都和老师的学科专业素养与能力有关，专业学科素养和能力越强大，就越能设计出越好的问题。

1. 请问数字“1、2”是怎么出现的？你觉得古代人为什么要用数字来计算，而不是用直接画物品的图案来计算？

2. 请解释“+”和“=”的由来。

3. 请用具体事例说明“1 + 1 = 2”。

4. 请问有没有特殊情况是“1 + 1 = 1”或“1 + 1 = 3”？如果有，是什么情况，请说明。

5. 为什么古代人要规定“1 + 1 = 2”，这个算式要成立，需要哪些条件？

6. 如果“0 + 1 = 1”，那么“0 + 2 = (　　　)”。

7. 如果“2 + 1 = 3”，那么“1 + 1 + 1 = (　　　)”。

8. 如果“0、1、2、3”四个阿拉伯数字，除了“2 + 1 = 3”之外，你还能列出几种算式，答案也是等于 3，请列出来。

9. 请问电脑语言的“二进位”，就是遇到 2，就会往前进一位，请你看一下底下算式，请回答最后一个算式的结果：加法：0 + 0 = 0，0 + 1 = 1，1 + 1 = 10，10 + 1 = 11，11 + 1 = 101，那么 11 + 11 = (　　　)。

10. 易经的阳爻符号是“—”、阴爻符号是“- -”，若用数字来替代，阳爻“—”是“1”、阴爻“- -”是“0”，例如泰卦的组成是䷊，要数字来表示就是（次序必须由下往上）“111000”，请问鼎卦（䷱）的数字排列为何？

图七：问题设计范例

4. 课堂时间长度的多寡，教学期望达到的效益

不过，当老师欣欣然地设计出这么多好问题和完善补充资料时，必须又回过头来考虑第一点：学生的程度如何？学生程度可以接受这么多、这么难的资料和问题吗？如果可以，就勇敢实施。若是学生的程度佳，甚至可以直接由难度较高的问题开始进行，而直接跳过难度低的问题；如果学生程度和能力不足，老师就要必须考量需要删减哪些题目和资料，以及需不需要将问题难度降低。

接着才又考量这个知识点最主要的教学目标为何：哪些是紧密相关，一定要保留？哪些是较不紧密，是否可以删去？然后再考量，每一个知识点有多少课堂时间可以运用？若是时间充裕，就能不断延伸和深入；若是时间不允许，就必须根据学生程度的不同，老师需要判断出将时间运用到多少比例的低、中、高认知目标……这些并不是一成不变的固定模式，而是根据学生的程度、每一个知识点难易程度的不同、老师的教学目标、课堂时间等，而出现各种调整与多元的变化。

5. 学生自学专注力的时间长短

学生自学专注力的最佳时间，会因为学生的年龄、个性、能力和受训练与否而有所不同，通常在五到二十分钟之间。假使老师一开始面对没有受过任何自学能力训练的学生，最好先将自学的内容和范围降到最低程度，问题也设计得相对简单些，让学生可以在很短的时间读完、找到答案。如果阅读内容很长、很多，就必须考虑到学生的专注时间有限，所以可以将内容切成一个又一个更小单元，尽量使得每一个内容单元控制在学生的最佳专注时间内，因为自学的时间过长，随着学生专注度的下降自学质量会难以保证。

这样的好处是让学生有成就感，另一方面则是可以循序渐进地帮助学生养成自学的习惯。随着学生自学能力的增强，再慢慢增加自学的内容和范围，问题设计也逐渐变难，一步一步深入。“学思达”教学课堂最迷人的地方就是，每天都在训练和增强学生的能力，老师可以察觉和感受到学生每天都在进步，而学生的进步正是因为老师的引导与训练而发生。

6. 学习评量方式

学生和家长关注什么？传统教学的老师都不能回避，“学思达”教学的老师更是不能回避。如果学生和家长都普遍关注成绩的提升，“学思达”教学的老师当然也要关注成绩的提升。

过去的教室封闭，大家不知道课堂教学实况，最后只能生产出“成绩”，即使学生的成绩确实很优秀，但没有人知道学生生产出好成绩的过程，是不是因为接受了良好的教学过程和品质。如果是，那就太好了，更应该开放教室让更多人学习；如果不是，是否应该接受检验，因为不良善的教学课堂，例如老师高压管控学生（言语威胁、羞辱、军队式或工厂式、违背青少年心理和生理、缺少人性化的班级管理）、大量而密集的考试、繁重的作业与练习，这些固然可以帮助学生的成绩提升，但是它们对学生学习兴趣以及心灵造成的伤害，很可能非常深远，终究得不偿失。

采用“学思达”教学法的老师必须思考的是，如何才能改进提升教学过程与品质，包括：课堂学习气氛轻松、温暖、平和又不失严肃，师生平等对待彼此，学生之间相互支持；开展良好的团队合作，学校生活充满关爱、包容、尊重，然后又可以每一分每一秒禁得起考验，甚至可以随时开放教室公开接受检验（这个结果，也是“学思达”教学有无全面成熟的检验标准之一）。

接下来，老师还要再思考的是，假设要提升学生的成绩，有无可能不再沿用“老师课堂单向讲述＋学生回家写作业、背书准备考试”的模式，而是改成“老师上课采用‘学思达’教学法，学生都在课堂完成作业及考试（不用回家背书）”，让学生放学后的学习压力变得越来越小，既没有作业也不需要再准备明天的考试，学生们就有时间展开不同的学习内容或培养其他兴趣活动。

为什么“学思达”有可能可以做到？原因在于，“学思达”会慢慢培养出学生越来越快的自学速度，一旦学生的学习速度加快，就会空出愈来愈多的学习时间，可以运用在“更大量的学习”，也可以运用在“重复学习”。另外，每一个知识点不会再像传统老师单向讲述一样（平均只会讲解一次）；而是通过课堂上的反复学习：学生先阅读知识点（第一次）、思考问题寻找答案（第二次）、学生讨论（第三次）、学生上台讲解（第四次）、老师统整（第五次），这样每一个知识点就会至少反复学习五次，而且学生的阅读速度会在不断训练之下越来越快、学习效能也会越来越高。当学生的阅读速度变快，老师教完所有进度之后，甚至还有更多时间又可以回过头来进行整体复习，让学习效果更好。当然，学生的学习速度变快，老师也不一定要回过头来复习，也可以进入更深或更广的学习，也可以每天利用五分钟或多出的时间，让学生开始进行多元学习，例如每天读几页课外书（积少成多，一年就可以读完好几本课外书）、探索活动、能力训练等。

再者，提升成绩的主导权依然在老师手上，老师可以锁定学生最重要的考试（期末考、升学考试等，依老师判断而定），试着分析这些重要考试的题目、题型、考试重点以及所需要的能力，然后模仿这些题目、题型、考试重点和所需要的能力，设计成讲义内的问题，每天用“学思达”教学法（设计问题、补充资料）来训练学生，让学生拥有各种应试的能力。

另外，还必须加入“掌握评量权”“分散式评量”以及“转化选择题”三个概念。

传统单向式讲述授课，通常每教完一课时或一个单元，考试和考卷便随之而来，一课或一个单元，会用到一张一百分的考卷来考学生（考试不能看书），如果每一科、每一课大多如此，学生便很容易倦怠与厌烦。问题在于“一课或一个单元的知识点”根本不需要考到“一百分”，每一课都是一百分，如何区分出重要性？有些单元根本不重要，可能只要考个三五题就够了。

再者，考卷是由教科书出版商所提供，出版商邀请名师出题。换句话说，学生评量权不是掌握在老师手上，而是掌握在他人手上，并且“这个他人”一定不会知道各自老师的学生程度，也未必知道每一课是否为重点，命题品质好坏亦无从判断与修订。

因此，将评估的主导权重新归还到老师手中非常重要。一开始，即使依然要依赖教科书商的考试卷，也没有关系，可以通过问题的设计，直接在讲义上标明学习指引如“请作答考卷上的第 1 ~ 5 题、9、12、16 题”，也就是说所有的评估都必须经过老师抉择和判断，认为是好的考题才让学生作答，而不是毫无区别地让学生一直作测验卷。

再来，教科书出版商通常会提供“题库光盘”，老师便可以从题库光盘来寻找题目（判断的标准就是重要考试的出题范围），而且将题目分散在每一个知识点之后，每教完一个知识点，马上在课堂上进入评估。在讲义的最后附上详解，方便学生自学、订正错误。老师接下来需要思考的便是，学生为什么愿意自己看详解、订正错误？如果不会，那就设计出一个机制，促使学生自动完成，例如通过正向加分机制，每一道选择题答对可得两分，答错零分，但自行订正之后，弄懂了，零分可以重得一分（而不是答错了一律零分，还要罚写三遍之类的）。其目的就是要让学生可以自学与订正，以及透彻理解错误之处，整个过程充满正向动能。如此一来，老师很快就会发现，每一单元的重点其实很有限，根本不需要考到一百分，必须根据每个单元的重要性不同而有所变化，不重要的地方可能只要考几道题就可以了，重要的地方可以设计比较多的考题。

这样，考试的主导权就会重新回到老师手上，而且还可以将考试平均分散在每一个知识点之后。如果考试题型刚好是问答题型，就可以直接拿来当成“学思达”讲义的题目；如果考题是选择题型，就可以在每一个知识点，先用问题来问过学生之后，再用“选择题”来巩固学生的评量能力（并且一旦学生有自学能力之后，可以每天在课的前几分钟布置一道问题或任务，让学生每天都处在练习当中，并且积少成多。问题也不一定要讲解，因为可以附上详解，或者让学生讨论、上台发表，可以有很多形式的变化）。

再者，每一个学习新阶段（例如初中一年级、高中一年级的第一堂课），就拿中考、高考的最新考题给学生看，然后直接设计问题让学生开始研究考题，例如：考试时间多长？考题有几题？有哪些题型？满分是几分？考试重点有哪些？这些题目需要哪些能力？（后面两个问题需要老师的专业回答。）让学生有具体的感受、认知与学习目标，如此老师在进行教学改变时，会更容易得到学生认同，因为老师每一节课都在帮助学生关注考试、提升成绩。

当然，“学思达”不只是提升成绩，还有其他更多元的能力训练与教育理想及目标。但是，“学思达”完全不回避家长和学生对于成绩的期待与关注，而且确实可以做到学生成绩的提升。

我常说，台湾地区的任何创新教学，如果回避了成绩的竞争，也就回避了传统讲述式明星老师，甚至是补习班所能创造出的好成绩挑战，这样就很难从根本上改变台湾地区的教育。

07

问题思考点设计

问题与资料间联动关系

关于问题思考点的设计（每一个问题可以包含：一、学习指引；二、问题思考点；三、教学形式），再加上讲义的补充资料（补充资料包含：一、补充学生可自学的完整资料；二、老师上课讲解内容的文字化；三、补充额外资料），两者联动之下就会产生许许多多的变化，如“图八”。

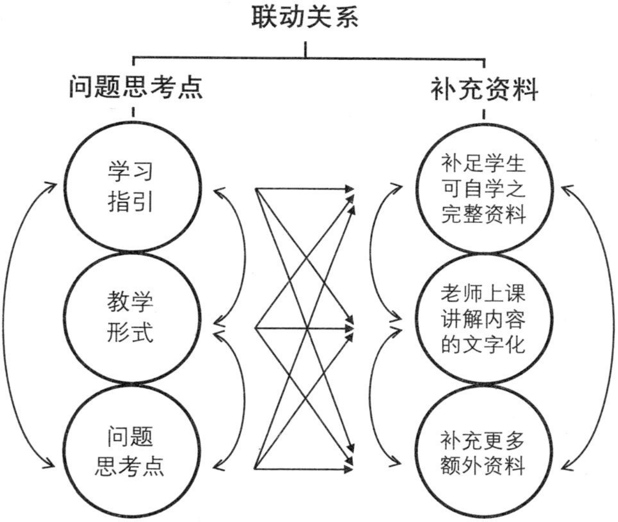

图八：问题思考点与补充资料间的联动关系

以司马迁《鸿门宴》之问题设计为例

“学思达”讲义的补充资料则是由三个部分组成，分别如下。

一、课本上老师判断学生自学时可能会看不懂的地方，老师以专业判断必须补充哪些足够而完整的资料（无论是来自教师手册、参考书、备课用书、网络资料、专业书籍或是老师原本上课要解说的文字解释），便于学生可以自学看懂。

二、老师上课要讲解的话、额外补充的话，甚至是老师上课要讲的笑话，都可以直接以文字形式呈现在讲义上（如果文字难以呈现，是否可以改由其他方式呈现，如图片、影片等，而把“教师口头讲解”当成最后一个选项）。

三、由课本延伸出去的补充资料。当学生阅读速度愈来愈快时，补充资料也就会愈来愈多，这时候额外补充资料就变得非常重要。

当配合本章前面提到的六点预先考量之后，“问题思考点的设计”和“讲义的补充资料”就会开始产生一连串的“联动关系”。因此问题的设计最好能够变化多端，并非胶柱鼓瑟、一成不变的。先以有关司马迁的生平的问题设计为例，一开始最单纯的问法是这样：

请看课本：《史记·项羽本纪》节选《鸿门宴》的作者司马迁的资料，然后请你简单扼要介绍司马迁的生平。

后来又发现，作者的生平资料很多，但是学生怎么知道哪些是重点呢？老师需要学生特别关注哪些地方呢？那就可以再加入更多细节问题，去凸显文章的重点，就会变成：

请看课本：《史记·项羽本纪》节选《鸿门宴》的作者司马迁的资料，然后请你简单扼要介绍司马迁的生平（司马迁字什么？哪里人？活跃在何朝代？），然后再说明他经过什么特殊训练最终能够成为一个史学家（请再参阅备课用书）。

如果老师觉得有必要在问问题的同时亲自现身特别说明或强调一下，就可以再把老师要讲的话化为文字呈现，在问题当中直接补充说明，于是又会变成：

［作者案：司马迁的成就太了不起啦！当代以叙事历史故事见长的史学家耶鲁大学教授 Jonathan D. Spence（1936—），非常景仰司马迁，他的老师中国史学家房兆楹先生便为他取了一个汉名“史景迁”（史学家景仰司马迁之意）。］

请看课本：《史记·项羽本纪》节选《鸿门宴》的作者司马迁的资料，然后请你简单扼要介绍司马迁的生平（司马迁字什么？哪里人？活跃在何朝代？），然后再说明他经过什么特殊训练最终能够成为一个史学家（请再参阅备课用书）。如果你以后想要成为一个史学家（或者说其他方面的专家），请特别注意司马迁成长的过程。以后你想要成才，或者想要训练自己的小孩成才，必须先想一想需要给他什么训练和培养，请问你从司马迁的教养和锻炼当中学到什么？你觉得哪些对你很重要？

如果老师判断课本资料，学生应该看不懂，于是又可以将原本要口头讲解的话，直接变成文字，在问题的下方补充注解。注解内如果又有艰涩难懂的地方，又可以直接再加注解或翻译。

【补充注解】

1. 夏阳：地处黄河边，不远处有座龙门山，是传说“鲤鱼跃龙门”的地方，所以司马迁在《太史公自序》里说：“迁生龙门。”（作者案：因此后世以龙门借代为司马迁，而所谓“龙门笔”“龙门笔法”指的是史传笔法。）

2. 司马谈：汉武帝时任太史令，元封元年（公元前110年），汉武帝第一次至泰山举行封禅大典，掌管天文、祭祀的司马谈，却因重病不能参与此事，以致抱憾而死。临死前，他把史官另一重要职务——整理皇室文献记录，交托给儿子司马迁：“余为太史而弗论载，废天下之史文，余甚惧焉，汝其念哉！”（白话翻译：我作为太史都未能予以论评载录，断绝了天下的修史传统，对此我甚感惶恐，你可一定要记在心上啊！）

然后老师又要思考，提供给学生的补充资料，为什么学生会特地去看？如果学生不看，那不就等于白补充了？所以，想要学生特别去阅读补充讲义，就可以又设计成问题反过来问学生，而且为了节省学生时间，再加上学习指引。

以上的问题和资料补充设计好之后，又必须回到第一点“学生的程度的分析与判断”，学生可以理解这些问题吗？可以阅读字数这么多又夹叙夹议的问题吗？学生有能力、有时间可以阅读补充的资料吗？如果可以，那就可以直接印给学生；如果不行，那就开始修改，可以减少字数、减少资料，甚至将问题数量一分为多，变成好几道问答题，让学生容易回答……总之有很多灵活应变的方式。

如此一来，老师设计问题时就会发现，问答设计、补充资料和讲解文字，会形成联动关系。要“怎样问问题”（牵涉老师到底想要训练学生哪一种能力），同时也一起联结着“资料应该如何补充”“老师文字如何解说”，三者之间会一直不断联动着。

以朱熹《观书有感》之问题设计为例

再举一个例子说明。假设我只提供朱熹《观书有感》原诗，此外什么资料都不提供，就设计问题问学生：

请逐字翻译全诗，并说明全诗主旨。

老师可不可以这样直接问？当然可以。但是老师必须考虑，学生看得懂吗？若看不懂，学生可以猜得出来吗？若猜不出来，学生可能需要哪些工具（参考书、手机、网络）？他们有吗？最重要的是，老师到底想要训练学生什么能力？如果是训练学生解读文言文的能力，那就当然没问题，确实可以这样问。但同时又必须再帮学生想，这种问题的训练需要耗费学生课堂多少时间？耗费掉的时间值得吗？这些考虑都是老师必须先帮学生想好。

如果不是要训练学生解读文言文的能力，而只是强调理解文句、感受诗意或深入赏析，或是希望学生可以自己弄懂每一个字义，那么需不需要帮学生附上重要注解（老师判断学生有哪些看不懂的地方）？需不需要附上翻译（其实老师单向式讲述用口头讲解注释和翻译，也只是提供了解释和翻译，只是载体不一样，一个是语言、一个是文字）？如果需要附上注解和翻译，甚至再加上赏析，训练的重点可能又会转移，不会再是“解读文言文的能力”，而是“检索信息和判读资料”，并且随着补充资料变多，原先简单的问法就能产生出更丰富多元的问题设计，举例如下。

※ 问题设计

请阅读朱熹《观书有感》一诗，回答以下问题。

1. 请填写空格内的字，并先逐句解释画线的词语意思，然后再逐句翻译（你觉得讲义上的翻译，哪几句翻译得好，哪几句翻译得不好）。

昨夜江边春水生，（________）巨舰一毛轻。<u>向来</u>枉费推移力，此日<u>中流</u>自在行。（朱熹《观书有感》之二）

2. 看讲义内的赏析，请问你觉得哪个地方赏析得很好，哪些不好，为什么？你有其他不一样的见解吗？

※ 补充讲义

昨夜江边春水生，艨艟①巨舰一毛轻。向来②枉费推移力，此日中流③自在行。（朱熹《观书有感》之二）

【注释】

①艨艟：音 méng chōng，也作“蒙冲”，古代战船名。以生牛皮蒙船腹背，两厢开掣棹孔，左右有弩窗、矛穴。见下图。

②向来：从前、过去。

③中流：犹言“江心”，河流当中。

【翻译】

昨天夜晚春潮初涨，江水汹涌，巨大的船舰在大江里航行，如同羽毛一样轻飘。往常白费了推船移舰的蛮力气，如今船舰在江心自由自在地航行。

【赏析】

这是一首借物喻理的诗。

“昨夜江边春水生，艨艟巨舰一毛轻”，从诗句看，诗人对春雨未着一字。但从字里行间可以看出，一夜春雨，条条支流汇入大江，才使江水猛涨。第二句是说巨大的船只漂浮在水面，如同羽毛一样轻飘。从表面看，诗人并没有直接描写水势之大，但从巨舰轻飘如毛，反衬出江面宽阔，江水浩荡。后两句是说想起枯水季节，水浅船大，推也推不动，白费了不少气力。而今，船在江心自由自在地前进，一点儿也不费力了。这是此首诗理性的提升。

此诗具体地说明了能力条件的重要性。巨舰在水，水浅则易搁浅，航行困难。水深浮力大，水大好行船。“江边春水生”与“中流自在行”互为因果，形象鲜明生动。

诗人以泛舟为喻，意在强调读书做学问，必须下苦功夫、下大功夫。只有功夫到家，才能驾驭自如，得心应手，这也是人生修养水到渠成时一种全新的境界。

我们先看到范例的“问题1”。首先要求学生“填写空格内的字”，是要训练学生的书写能力，老师只要懂得运用这个方法来设计问题，就可以直接让学生在课堂上完成很多作业，不一定要回家才写作业。接着要求“逐句解释画线的词语意思，然后再逐句翻译”，这样学生就会自己去看补充讲义的注释和翻译（当然老师也可以刻意在注释和翻译中，写上不好或错误的解释和翻译，这些都是学生很重要的判读训练）。最后是要求判断讲义中"哪几句翻译得好，哪几句翻译得不好"这样的问法，学生就会站在补充资料的基础上（理解），进入更高层次的"分析"与"评鉴"。

在"问题 2"中，要求评价讲义中的赏析，并问学生是否有其他不同见解。这样的问法，学生一样要先看"赏析"文字才行，又再次让学生站在补充资料的基础上（理解），进入更高层次的"分析"与"评鉴"。也就是说补充资料是最重要的学习高地，让学生可以站在更高的基础上，不断往上。而且直接提供"专家第一手的原始资料"，老师可以不用再阅读许多资料来冒充是自己的看法，学生也可以直接读到顶尖学者专家的原始看法。

此外，我们在上一章有讲到，"学思达"老师若需要兼顾学生能力与学业成绩，那么可以在每一个知识点之后，就让学生进入选择题的评测，以持续增进学生的考试应答能力。这时在问题设计上，就要考虑需不需要给详解（方便学生自学），给了详解之后，学生会不会偷看？如果不想让学生偷看，要不要详解考完后再给？可不可以将选择题变成问答题？示例如下：

请阅读下面的选择题，选出正确选项（答对者可得两分），并订正所有错误（订正后，无论对错皆可再得一分）。

（　）1. 下列诗句，何者流露出怀古伤怀的情怀？

（A）凤凰台上凤凰游，凤去台空江自流。吴宫花草埋幽径，晋代衣冠成古丘。

（B）朱雀桥边野草花，乌衣巷口夕阳斜。旧时王谢堂前燕，飞入寻常百姓家。

（C）昔人已乘黄鹤去，此地空余黄鹤楼。黄鹤一去不复返，白云千载空悠悠。

（D）多情却似总无情，唯觉樽前笑不成。蜡烛有心还惜别，替人垂泪到天明。

（E）三顾频烦天下计，两朝开济老臣心。出师未捷身先死，长使英雄泪满襟。

老师在设计问题时，如能懂得善用“问答设计”“补充资料”和“讲解文字”之间的搭配与变化，就会设计出许许多多巧妙而精彩的问题。

08

问个好问题

个别型知识点的问题设计

设计问题，一开始的起始点考量是学生的程度，接下来便是建立在老师自己本身对于知识点（文字、图片或影片等形式）的“解析能力”之上。换句话说，老师自己本身必须具备对知识点的深刻解析能力，而解析能力之所以产生，常常又来自老师的自学能力，阅读、理解、搜集资讯、分析、判读、比对、应用，甚至创造，换句话说，“学思达”老师也不断地训练自身的思考、自学和表达能力（此处所谓的“表达”是指老师用讲义文字的形式和问答题的方式呈现），也就是说：“教人‘学思达’者，必先自己‘学思达’！”而且老师必须深入每个知识点各种层次的认知目标，才有办法反过来设计问题来问学生，让学生可以达到老师已然达到的认知目标，并且有很多机会可以超越老师。

封闭型和开放型问题的区别

问答题最简单的区分方式，即“封闭型答案的问题”和“开放型答案的问题”。前者是问题本身有“绝对的标准答案”，举例来说，例如把考卷上的选择题原本的四到五个选项直接拿掉，选择题马上就变成问答题，特征是没有选项可以选（所以难度比原本的选择题还高），但每道题目原本就都有“标准答案”，这就是典型的“封闭型答案的问题”。“开放型答案的问题”则是“相对的、标准不一的答案”，例如“让学生说出自己的看法或意见”，就会出现不同的答案，评判标准会根据题目本身而有所改变，通常也不一定会有固定标准答案。

老师如果先有一个简单概念，问题可以区分成两类（开放和封闭），就可以将传统的“选择题评量”直接改换成“问题”（只要删去选项就可以了），并且用“封闭型答案的问题”来确认及巩固学生学习新知识点的成果，然后再通过“开放型答案的问题”来继续拓展和延伸学生的知识和能力。

顺便提一下，相较于选择题，问答题可以随心所欲地问到选择题难以企及之处，例如“开放、没有标准的各种答案”（如此一来，学生就能保有创造力和想象力）、“范围伸缩自如”，问答题可以从最小的单元（如一个字、一个词、一个观念），也可以到一段、一篇文章、一章节，也可以是多段、多篇文章、多个章节，甚至一本书、多本书等，都可以很轻易设计成问答题的题目。而通常在课堂上，学生对于“封闭型答案的问题”的讨论较不热烈，因为已经有了标准答案，讨论时有点像是“核对答案”和“会的同学教不会的同学”；但对于“开放型答案的问题”的讨论，通常积极而热情，一方面是因为没有标准答案的压力，另一面则是因为彼此有不同想法和观点，借由分享，彼此产生更多激荡。

布洛姆认知六目标

设计知识点的问答题，若要拥有更多的设计类别思维，我的建议是从“布洛姆认知六目标”入手，比较容易有一个清晰易懂的完整概念。

布洛姆认知目标，自 1956 年发表之后，又在 2001 年作了大幅度的修正，修改之后的“认知历程范围”（Cognitive Process Dimension），强调认知历程的动态过程与渐增复杂的阶层概念，目的是促进学生保留和迁移所学得的知识。“认知历程范围”主要分成六大类：记忆、理解、应用、分析、评鉴、创造。

设计知识点的问题时，若有布洛姆认知六目标的概念，就可以针对不同的知识点，赋予不同层次的问题设计，问题的设计便能越来越丰富多元。下面先简要依其字面的意思，各举一种问法（当然不是只有这几样的问法，问法有非常多种，灵活多变，完全取决于老师想要强调什么重点，想要训练学生什么能力，还有到底想要达到什么样的认知目标），请特别注意画线的地方。

记忆：请合上书本，重述这一个单元的主要内容为何？

理解：请问这一课主旨是什么？

应用：在我们日常生活中，你曾遇到类似这一课内容提到的状况吗？

分析：为什么这一课的主角最后会成功？你觉得有哪些原因？

评鉴：这一课你最喜欢哪一段？为什么？

创造：请小组全体同学用戏剧演出来，并创造不同结局（也可以是画出来、拍影片、写出来等）。

通过布洛姆认知六目标，设计问题时最少就有六种不同（还可以自由选择）的切入点，慢慢熟悉之后，就可以再深入认识布洛姆认知六目标底下细分出的次类别，下面列出各种次类别，并以《学思达：张辉诚的翻转实践》一书为例，针对各种次类别，设计出各种问法的问题（设计问题时，又必须同时加入“学生程度”“问题设计”“训练学生何种能力”“达到何种效益”“如何评量”来共同考虑）。

1. 记忆（Remember）

次类别	相关词	问法及例子
1.1 确认（recognizing）	确认（identifying）	例：请将昨天所学《学思达：张辉诚的翻转实践》第一章重点写出来，然后再翻阅课本，重新确认是否无误
1.2 回忆（recalling）	搜寻（retrieving）	例：请回忆刚刚阅读《学思达：张辉诚的翻转实践》第二章的内容，回答以下问题……

2. 理解（Understand）

次类别	相关词	问法及例子
2.1 说明（interpreting）	释义（paraphrasing） 陈述（representing） 转译（translating） 厘清（clarifying）	例一：请说明“学思达”三个字的意思。 例二：请解释“学思达”的五个步骤。 例三：请将“学思达”翻译成英文。 例四：请厘清并陈述“学思达”与“翻转教室”两种不同观念。

续表

次类别	相关词	问法及例子
2.2 举例（exemplifying）	举例说明（illustrating）、例如（instantiating）	例：请举例说明“学思达”在课堂教学实践时的六点特征。
2.3 分类（classifying）	分类（categorizing）、归类（subsuming）	例：翻转教育在台湾地区分为两大类，一是“翻转教学”、一是“翻转教育”，请问“学思达”归在哪一类？并请说明原因。
2.4 总结（summarizing）	摘要（abstracting）、建立通则（generalizing）	例：请摘录《学思达：张辉诚的翻转实践》一书第三章的重点。
2.5 推论（inferring）	推 断（extrapolating）、归因于（interpolating）、预测（predicting）	例一：阅读完《学思达：张辉诚的翻转实践》一书之后，你推断在课堂教学的可行性高吗？为什么？ 例二：就你判断，你预测“学思达”将来的发展可能性如何（会持续扩大影响力，还是会停滞不前，还是会开始萎缩）？
2.6 比较（comparing）	对照（contrasting）、类比（mapping）、配对（matching）	例一：请比较“学思达”和“学习共同体”两种教学方法。 例二：请对照“学思达”和“合作学习”的比较图，并说明两者的特色。 例三：如果将“学思达”和“萨提亚”配对起来，请说明其各自特征。
2.7 解释（explaining）	建构（constructing）、使用模式（models）	例：请解释苏格拉底式的问答（拷问）模式如何融入“‘学思达’教学”当中。

3. 应用（Apply）

次类别	相关词	问法及例子
3.1 执行（executing）	进行（carrying out）	例：请根据《学思达：张辉诚的翻转实践》一书的指引，实际执行操作一次完整的“学思达”五个步骤。
3.2 履行（implementing）	运用（using）	例：请将所学到的“学思达”概念和方法，具体而完整地实践在一整堂课。

4. 分析（Analyze）

次类别	相关词	问法及例子
4.1 辨别（differentiating）	区别（discriminating）、分别（distinguishing）、聚焦（focusing）、选择（selecting）	例一：请辨别并区分“学思达”和“学习共同体”的不同处。 例二：请在快速翻阅《学思达：张辉诚的翻转实践》一书，并快速聚焦，找出三个关键字，足以言简意赅地代表此书核心观点，请问是哪三个关键字？并说明为什么？
4.2 组织（organizing）	结构化（structuring）、寻找（finding）、联结（coherence）、概述（outline）、剖析（passing）	例一：请用心智图（鱼骨图、九宫格图、树枝图、梯形图皆可）画出《学思达》的第四章内容。 例二：请分析《学思达：张辉诚的翻转实践》一书第四章以及本书第一章的联结关系为何？
4.3 归因（attributing）	解构（deconstructing）	例：你觉得“学思达”教学之所以会在台湾地区、东南亚多国的教育界中引起风潮，主要的原因为何？

5. 评鉴（Evaluate）

次类别	相关词	问法及例子
5.1 检查（checking）	协调（coordinating）、检视（detecting）、监视（monitoring）、测验（testing）	例：请检查《学思达：张辉诚的翻转实践》五大步骤是否有疏漏之处？若有，请问是什么？为什么？
5.2 评论（critiquing）	判断（judging）	例：请问你认为“学思达”和“学习共同体”的各自优劣处为何？

6. 创造（Create）

次类别	相关词	问法及例子
6.1 酝酿（generating）	提出假设（hypothesizing）	例：假设你现在是“学思达”老师，请问你觉得课堂上会遇到哪些问题？应该要如何克服？
6.2 规划（planning）	设计（designing）	例：请问阅读《学思达：张辉诚的翻转实践》之后，你是否也可以创造出一个全新的教学方法，可以改变填鸭式教育，并给这个教学一个名字？
6.3 制作（producing）	建构（constructing）	例：请问当你看过真实的“学思达”教室现场，如果你也要进行“学思达”教学，请问你认为需要自行准备或制作哪些教材和教具？

一开始老师可能不太知道如何设计问答题，我认为布洛姆认知

六目标是很好的“设计指引”，让老师很快拥有一组简易又清晰的概念，知道设计问题的方向和切入角度。然后以此为基础，不断融摄其他问题设计的考量或标准，然后又有意识地融入“想要训练学生何种能力”来一起考量，例如语文科目的老师强调“听说读写”，就可以在布洛姆的认知六目标的架构下，设计出强化学生“听说读写”能力的问题或任务。

听：请听录音带的声音（或老师的念诵），回答……

说：请上台回答……

读：请阅读第 1 到第 3 页，回答……

写：请将底下问题的答案，写在空白处。

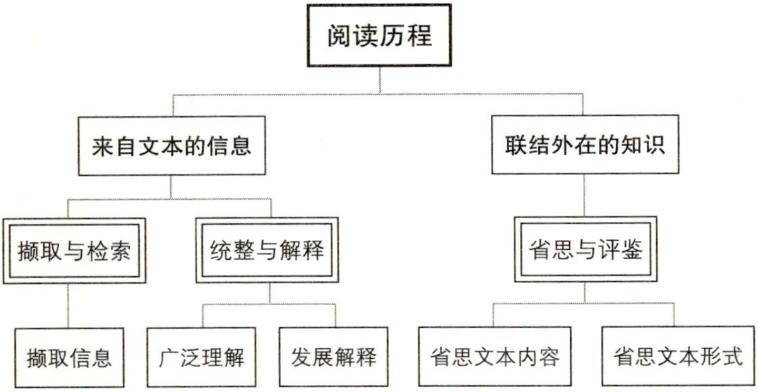

图九：PISA 评测的阅读历程

如果老师想模仿 PISA（国际学生能力评估计划）来训练学生的阅读认知能力（如图九），那么就可以通过“分析 PISA 命题标准”以及“PISA 题目类型与特质”来设计题目。如果有布洛姆认知六目标的完整概念，就会发现 PISA 的阅读认知能力：“撷取与检索”“统整与解释”“省思与评鉴”，大概和布洛姆的理解、分析、评鉴吻合，但是较少“记忆”“应用”和“创造”的能力（当然，PISA 本身也不断在调整其考试方式，以后也有可能会出现）—这样的好处是，不管面对什么样的考试、能力、素养等，只要有布洛姆的认知概念，就能有一个清楚的相对比较目标，可以参照与补足，更可以取长补短，让问题设计越来越丰富而深厚。

再者，当老师开始深入学生的各种能力训练时，很快就会发现学生几乎没有这些能力，可能缺少自学能力、阅读能力、撷取信息能力、整理笔记能力、讨论能力、发表能力、合作能力，于是老师就会开始想办法去寻找相关资料，自己先自学、先学会，然后再编成“学思达”讲义（自编教材再加上问题）逐一来训练学生各种能力。如果再有布洛姆认知六目标的概念，老师除了原本有意识地将之与课堂的知识点结合并融入问题设计之外，也开始会更进一步有意识地训练学生这六种认知目标能力，例如教导学生拥有更高效益的记忆方法、理解方法，以及建立更高效能的应用、分析和评鉴能力，教会学生如何激发出更丰富的创造力。

焦点讨论法（ORID）

深受各种会议青睐的“焦点讨论法”（ORID），其实也很适合作为“学思达”设计问题时的参考。“焦点讨论法”的 ORID，即是四个英文词汇各取其开头字母所组成，分别为：

O（Objective）：客观事实

R（Reflective）：感受反应

I（Interpretive）：意义诠释

D（Decisional）：作出决定

“焦点讨论法”的好处是，让讨论可以呈现出清晰的脉络与层次感，也拥有严谨的逻辑感，而且只需要一个主导的人知悉且会运用（如果彼此都懂就更好了），就可以带领大家从“事实→感受→观点→决定”层层递进，抽丝剥茧，让讨论达到最好的效益。

虽然“焦点讨论法”，一开始是用在讨论，而且主导的人非常重要，如果将之移转到教学现场，大家很快就会发现，主导的人就是老师，老师可以用“焦点讨论法”的概念再加上“口头引导”的方式，让学生开始进行讨论（当然，如果老师还是单向讲述，“焦点讨论法”应该就毫无用武之地了）。尤其对“学思达”的老师而言，还会把上课要问的问题、要补充的资料、要讲解的话，尽可能转换成为文字。如此一来，“焦点讨论法”就可以拿来作为“学思达”的老师设计问题时的参考依据，也可以拿来作为上课时“师生问答”环节教师追问的技巧参考，甚至也可以拿来教会学生在课堂上“小组讨论”时，如何进行良好而有效的讨论过程。

先依照“焦点讨论法”的原则简单设计如下：

O：请问看完《学思达Ⅰ：张辉诚的翻转教学实践》一书，你看到了书上有哪些重要观念？

R：请问看完《学思达Ⅰ：张辉诚的翻转教学实践》一书之后，你有什么感觉（正面还是负面情绪？有哪些情绪？）？

I：请问看完《学思达Ⅰ：张辉诚的翻转教学实践》一书，你的看法是什么？

D：请问看完《学思达Ⅰ：张辉诚的翻转教学实践》之后，你会采取什么行动（你会想在课堂上实践吗？）？

如果再运用之前所谈到的“问题设计”“讲义补充”“老师讲解”和布洛姆认知六目标，就能逐渐设计出更为丰富多元的问题和“学思达”讲义。

“焦点讨论法”有次序或逻辑感，布洛姆的认知六目标当然也有次序与逻辑感，两者不同之处在于，布洛姆的认知六目标强调在知识的学习认知上，即使也有各种层次（例如由低而高）——“记忆→理解→应用→分析→评鉴→创造”，但主要还是在学习方面，所以并不利于进行口头讨论，而且也缺少对“人的情意”的关注。而“焦点讨论法”则巧妙地在“客观事实→人的情意→人的理性→判断与意志”之间游走，先关注了“人的内在情绪”，再谈论“人的观点”，再串联起“事与人”“人与人”“内在与外在”的沟通与联结，这些都非常棒，加上简便易懂，很适合推广。（当然，我觉得萨提亚的“冰山图”可能比“焦点讨论法”还更能达到细腻且深入的层次和脉络，关于这一点，下一节或再论述。）

萨提亚模式

美国著名“家族治疗”专家维琴尼亚·萨提亚（Virginia Satir），在从事三十多年的家族治疗一线工作之后，研究出许多助人技巧，包括“雕塑”“求生存姿态”“隐喻”“假面舞会”“家庭重塑”等治疗性应用方法，其中冰山图对于人的行为与内在，有很细腻的描述与剖析（详见“图十”）。

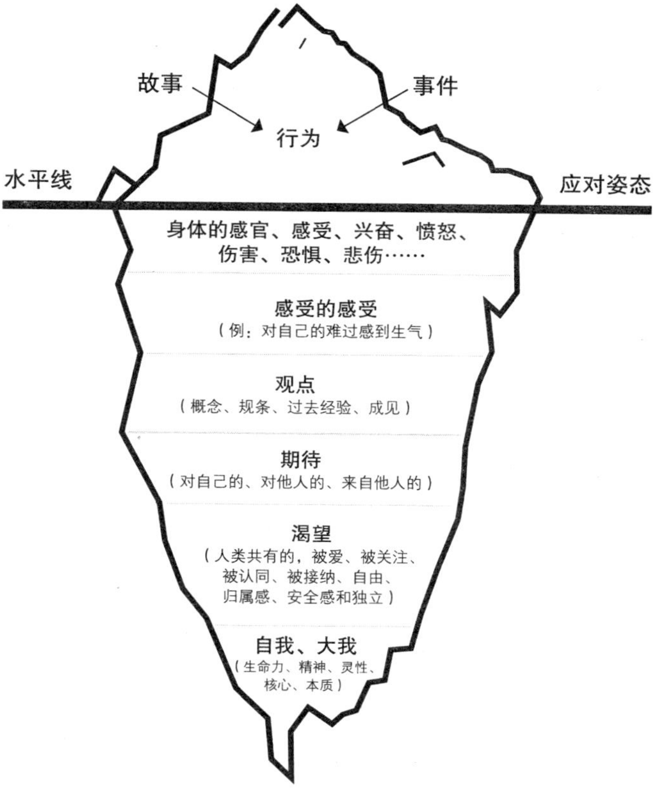

图十：萨提亚冰山图

“学思达”老师如果能深度理解“萨提亚冰山图”，并加以实际运用，对课堂上与学生沟通对话，以及对自己人性本质的诉层认识了解与安定，都有莫大的帮助。除此之外，熟悉冰山图也可以拿来作为设计问题的参考，例如萨提亚的冰山图由上而下分别有“行为、应对方式、感受、感受的感受、观点、期待、渴望、自我”，可以再将相近的层次结合在一起，变成“行为、应对方式、感受、观点、期待”就可以依此设计出下面这些题目：

行　　为：请问张辉诚为什么要写“学思达”这系列的书？

应对方式：请观看张辉诚在台湾大学演讲“学思达”主题的影片，请问他在演讲中最常出现的应对姿态是“指责、讨好、超理智、打岔”的哪一种？你觉得这样好吗？你可以示范给张辉诚看第五种“平和而内外一致的应对姿态”吗？

感　　受：承上题，当你听演讲时看到张辉诚演讲时是这样的应对姿态，请问你内心的感受为何？

观　　点：你怎样看待张辉诚演讲中的姿态？你认同他提出来的“学思达”观点吗？如果认同，是哪些地方认同？如果不认同，是哪些地方不认同？

期　　待：你希望看到张辉诚可以有哪些改进的地方？

熟悉“冰山图”，运用在问题设计上的好处是，可以深入“人的内在”，探索更多难以捉摸、幽微难言的内心世界，可以用来探索老师自己的、也可以是学生的、更可以是文章中的人物内心世界，懂得这些，就能将这些融入“学思达”讲义中的问题设计，进入截然不同的内在问题层次。

底下是新加坡田园老师“谁的错——人物性格分析”教案的大纲。教案中巧妙地运用萨提亚的“家族雕塑”“冰山图”，又融入“焦点讨论法”以及其他方法，让课文本身与问题设计、活动设计紧密结合起来，教学过程变得丰富而立体，并且从现象深入到各自人物的内在，非常精彩。（这个教案并荣获了“第三届国际学校汉语教学研讨会”优胜奖。）

※ 新加坡田园老师分享

这是小学六年级高级华语第三课《七步成诗》的活动设计，大家如果能用到，可以把你的活动反思也记录下来。

活动一：归纳意义段内容

- 每组一张活动纸，讨论并写出课文中几个事件的内容（活动纸1）。
- 小组分享，老师总结。

活动二：焦点访问式学习

- 选出三个学生代表曹操、曹植和曹丕。
- 其他同学做记者，对课文中的几个事件提问，发现三个人物的感受、想法和观点。
- 整理活动纸，写出对每个事件，三个人物的想法和感受。

活动三：定格式学习

- 选两个同学做曹植和曹丕。
- 在曹植写出七步诗后，人物定格，其他同学选自己的位置和姿态。
- 每个同学表达自己的看法和感受。

活动四：分析人物性格

- 每个人发一张卡片。
- 重新组成专家组，每个组讨论一个人物性格：曹操、曹植和曹丕。
- 每个人记录下自己参与讨论的人物性格。
- 专家回到自己的组，把自己负责的人物性格，跟大家分享。
- 小组总结整理这三个人物的性格。

活动五：曹植和曹丕人物性格形成的原因

- 小组根据活动纸上的事件，分析曹操是怎么样影响曹植和曹丕的性格。
- 课堂分享。

活动六：分析作者的观点

- 小组讨论：作者要表达的观点是什么？
- 你认同作者的观点吗？难道曹操、曹植就没有错吗？

活动七：角色扮演

- 如果你是曹操，你会怎样对待曹植和曹丕。
- 如果你是曹丕，你会怎样对待曹植？

活动八：分析自己的性格特征及形成原因

- 自己列出性格特征。
- 思考家庭、同学、朋友对自己的影响。

活动九：创意写作

- 这篇文章通过具体事件，描述人物性格。
- 学生写一段故事，从而表达人物性格。

09

问个好问题

统整型知识点的问题设计

老师要面对的当然不是一个小知识点，而是一课内容或是一个单元，然后延伸出去，变成一个主题、多个主题，甚至是一本、两多、多本教科书内容，或是一年、两年、三年、数年的完整课程。但是无论课程内容的多寡，一开始确实都可以一个单一的小知识点来考量如何补充资料、设计问题。然后开始扩展到一整课、一个完整单元或一个完整主题，最简单的方式就是较大的知识内容直接切成小知识点，设计成问题，如此一来就会出现越来越多的问题和补充资料，问题数量一增加，就必须考虑有所“抉择（取舍）”和问题之间组合的“层次”关系。

鹰架与层次

问题数量多寡的抉择（取舍），又和学生能力、课堂时间以及知识点的核心目标紧密结合在一起，前两者的关联之前已经叙述过了，这里再加入“核心目标”的考量。每一课程内容的“核心目标”确立了，就可以通过以达成核心目标的问题设计来展开，然后考量学生若要达到这个“核心目标”，是否还需要其他问题和资料的支持，若需要，就可以再搭建“支架”，让学生可一步步达到核心教学目标。也就是说，当知识点放大、变多的时候，再将大的知识点切成小单元之前，永远都先关注“每个大知识点的核心观念”，然后由此核心观念再延伸出“围绕核心观念的支架”。

所以，当问题数量变多，课堂时间又有限制，问题数量必须有所抉择（取舍）时，就必须先以核心问题保留为优先，再保留其他必要的支架问题，换言之，离核心目标越远的问题，都可以优先删除。

另外，当问题数量变多之后，自然而然就会出现问题间的连接关系，老师设计问题时，心里就可以先有一些组成问题间的层次、脉络观念，例如布洛姆的认知六目标，是由“高到低”（记忆、理解、应用、分析、评鉴、创造），也可以是 ORID 的从“发散到收敛”、从“客观到主观”（事实、感受、观点、决定），也可以是萨提亚的“由外到内”（行为、感受、观点、期待、渴望），当然也可以加入其他学说或方法的各种不同层次，只要老师在设计问题时拥有一套脉络和层次感，循序渐进，就能带领学生进入不同层次的学习境域。当然，也可以将这些全都混合在一起，自由灵活变化，例如将布洛姆认知之目标理论结合焦点讨论法，将布洛姆认知之目标理论结合萨提亚模式，将焦点讨论法结合萨提亚模式，又或者将布洛姆认知之目标理论、焦点讨论法、萨提亚模式都结合在一起，也可以将其他不同问题设计的概念再加进来，形成越来越丰富的问题设计有机体系。

问题模组的形成

再者，当老师设计问题的经验愈来愈丰富之后，自然而然也会进入“问题模组”，每一个文本或每一个课程单元，可以怎样展开问题设计，慢慢都可以整理出一个模组出来。例如“学思达”初中数学科刘继文老师，他面对每一个数学单元，仔细分析自己是如何思考、如何设计问题，然后在“第一届洋葱数学 HOPE 教师大会”分享出来，获得很多与会杰出数学老师的赞赏。

心法三

主持引导力

10

运作与引导

“学思达”课堂前的三个准备

“学思达”教学之成败，取决于“课前制作之‘学思达’讲义”与“课间教师之主持能力”两大关键。“课前制作之‘学思达’讲义”增能，前两章已然叙述，此章着重在“课间教师之主持能力”，其重要性在于“驱动‘学思达’于课堂教学的真实实践”。如果说“课前制作之‘学思达’讲义”是剧本，那么“课间教师之主持能力”就是导演兼主持人，将写好的剧本真实表现、实践出来。

1.“学思达”老师的授课模式

一个好的“学思达”老师，上课状态和传统单向式讲述的老师截然不同。

首先他不会永远站在讲台上，而是当学生在自学、思考、讨论的时候，他会安稳地游走于学生座位之间，观看学生自学的状态、回应学生举手提的问题（不断引导，却不提供答案），遇到学生自学时出现任何特殊状况（如不自学、不思考、不讨论、聊天、发呆、做其他事、玩手机、睡觉等），就会马上开始应对状况，直接进行一对一、一对二、一对一组或一对多人的对话、指导或辅导（所以老师还必须学会良好应对姿态，以及良好的师生对话及辅导能力）；当学生的自学、思考、讨论活动结束，“学思达”老师还必须马上化身为主持人，抽签让学生站上讲台回答问题（所以老师必须学会各种“学思达”机制，否则学生不一定会上台、不一定愿意讲话），自己则站在讲台的旁边（最好的位置是讲台上学生的左前方或右前方，方便关照到全班同学及台上学生）。

当学生上台回答完问题，老师就必须在极短的时间内做出反应，快速判断学生回答内容的对错、好坏、粗陋或周密，然后决定采取哪一种应对方式，要深入追问，或逐一引导，或加以评论，或开放抢答，或进行辩论（所以老师要有良好的主持能力、快速反应能力、引导能力，当然还要有深厚的学养，以及截然不同的教学观念和方式，最明显易见的就是：老师什么都可以说，就是不能直接告诉学生答案）。

并且，在学生上台、老师主持时，师生开始进行知识交流与思考成果的频繁、大量碰撞，老师还必须保有稳定而宽厚的平和之心，在理性的对话当中，还能敏锐察觉学生的外显行为（如表情或动作），以及内在的感受、观点、期待与渴望，甚至可以契入学生的内心，点燃学生内心深处本自具足的生命力、诱发学生本自拥有的内在能量（所以“学思达”老师必须学习萨提亚模式，让教学从热闹华丽，渐渐走向朴素自然，最后又再走入深厚安稳却又是如源泉滚滚健行不息的教学样貌）。

最后，当老师让一个或数个学生上台，发表个人思考或小组讨论出的答案后，老师还必须针对此一知识点的本身内容，以及学生所发表的内容，进行统整，或归纳、或综合、或深化、或点评（所以老师必须对专业学科知识内容有完整的掌握、深入的能力、丰沛的素养）。一个“学思达”小循环——自学→思考→讨论→表达→统整，结束之后，再进入下一个知识点，周而复始，不断循环。

2. 运作“学思达”课堂的三个准备

因此，当一个“学思达”老师进行第一堂课时，就必须拥有清楚而熟悉的概念及做法。

第一，老师必须创建自己的“学思达”讲义。如果没有，可以从最简单的“问答式教学”开始，只用口头提问（大多数时间“填鸭”都没关系，只要每一堂课的最后或中间，问学生一两个核心问题），从最简便的方式开始尝试改变；过一段时间，下一步就可以慢慢将问题制作成PPT呈现；再过一段时间，就可以将问题制作成书面文字，最后可以再慢慢加入补充解说和资料，由简单到周密、从课堂一小段时间逐渐扩展到整堂课，再加上“学思达”的流程与各种机制，就能慢慢转向全部的“学思达”。

第二，老师必须清楚记得“学思达”的五步骤流程（自学→思考→讨论→表达→统整）。

第三，老师若要让“学思达”五步骤顺利运转，就必须先了解要搭建哪些机制，学生才有可能顺利自学。例如若要让学生开始自学和思考，就必须先有“‘学思达’讲义”才能办到；若要让学生开始讨论与表达，就必须搭建“学思达”各种机制（分组、创造合作又正向竞争、计分的机制等）；若让学生顺利“表达”之后，老师要进行“对话”与“统整”，老师就必须学会平和、内外一致的对话技巧（萨提亚模式）。

“学思达”五个步骤以及各种机制，都是环环相扣，一个驱动一个，最后就能让学生顺利运转，开始自学、思考、表达，而且是周而复始的自学、思考和表达，同时又能点燃学生内在的能量，不断训练出学生各种多元能力。

11

对话与联结

“学思达”第一堂预备课

下面将从“学思达”老师的第一堂课开始，说明如何从第一堂课，进行简单的“学思达”教学，展开师生对话。其中关键在于如何通过萨提亚式的对话，快速和学生建立联结，然后再由此布置各种“学思达”机制——分组、创造合作又正向竞争以及计分机制，接着再进入“学思达”教学的各个环节。同时并将说明“学思达”老师如何增强各种所需要具备的能力。

通过公开自我介绍建立师生联结

“学思达”要如何在第一堂预备课时快速建立师生联结？当老

师接到一个全新的班级，进行第一节课（或第一次见面，如新生训练）时，老师可以在黑板上写下各种问题（即“学思达”的问题设计，每一个问题背后都有特殊用意），让学生上台依照指示或提问来进行自我介绍。例如问题可以设计为：说出“姓名、简单解释自己姓名的意思、绰号、住处、毕业学校、进入这个学校或班级的心情如何”“以前担任过班级何种干部、以前导师对你担任班级干部的评价为何”“兴趣和专长”“对这个班级的期待”“将来的志愿为何”等。

每一道问题背后都是特殊用意，例如问“姓名、简单解释自己姓名的意思”，老师就可以通过回应来联结学生的自我认同与价值；问“进入这个学校或班级的心情如何”，老师就可以察知学生的内心感受；问“以前担任过何种班级干部、以前导师对你担任班级干部的评价为何”，老师可以得知学生的经历与能力，同时又联结他们的价值感，因为有良好的干部经验、老师曾经夸奖过的学生，通常都会很乐意在这样的场合分享出来，老师就可以通过回应来增强他们的内在信心，同时又可以延伸出去进行班级干部的征选与自动投入选拔竞争（如何做到，详见后）。

在前面提到的问题中，“绰号、兴趣和专长”这个问题对师生以及学生之间联结的建立最为关键。例如学生说出自己的绰号之后，老师便要追问："你喜欢这个绰号吗？""你愿意让同学叫你时用这个绰号吗？""你会介意老师用这个绰号叫你吗？"若是学生愿意，我就会在私底下叫他们绰号（当然公开场合还是叫名字）。这个小举措，其实是拉近师生关系的一个关键（不信大家试看看，别人喊你时，喊姓名三个字、两个字、一个字、绰号，请感觉一下有什么差别）。

另外，为什么要让学生上台讲兴趣和专长？因为一旦学生开始分享，老师主持时就可以帮助学生和学生之间做联结，例如学生说他喜欢看"某某动画"，老师可以正向好奇、深入追问，然后再问同学们，有没有人也喜欢看"某某动画"，若有人举手，就可以反过身来对台上同学说："你们有共同的嗜好，说不定可以变成好朋友。"若没有人举手，就可以向台上同学说："你这个嗜好很特别，班会时是否可以请你向同学们介绍五分钟，说不定有人会因为你的介绍而喜欢上。当然，如果你觉得为难，不想介绍也没有关系的。"

再者，当学生谈起自己的专长时，通常会自然而然露出自信神情，老师要做的事情就是用言语公开称赞学生，增强他原本既有的自信。由此可见，当学生上台自我介绍时，老师不是没事做，而是要事前设计好问题，写在黑板上或呈现在 PPT 上，然后担任主持人，适时追问，放大优点，凸显长处，不断联结，让每一个学生都得到安顿与肯定。

在一个全新班级的环境当中，学生的专长若能迅速被老师和同学看见，学生的自信心会很快被建立起来，对新环境也就更容易产生认同感与信任感（不信，老师可以用同样的方式，一直探问学生的缺点，然后在一个全新环境和新同学面前羞辱他，应该很可能会造成学生终生的痛苦与伤痕——我以前不够成熟，二十几年的教学过程中，曾有几次不小心因心直口快而深深伤害了两三位学生，至今抱憾不已）。然后，还要让有专长的学生真正发挥其专长的机会，可以开一次班上同乐会，让有专长的学生各自尽情表演其专长，例如演奏钢琴、大小提琴、吉他等乐器，唱歌、跳舞、演戏、讲笑话皆可，就连主持人、筹划整个节目也都交由班级音乐委员和组员完成，老师要能发掘学生各自优点，极力肯定、赞赏，让他们得到更多展示平台，获得更多自信。

学生一对一私下向老师自我介绍

在完成全班的自我介绍后，再延伸让学生一对一私下向老师自我介绍，这个活动本身除了可以训练学生表达能力之外，好处多多，老师还能有大量的时间和机会与学生一对一接触。

老师所要做的就是，必须先指导学生如何进行自我介绍（例如眼神不能乱飘、身体不能乱晃，语速适中，声音大小合宜），如何设法让听讲一方能够快速记住介绍者名字的方法，如何介绍后又能开心地聊起天，留下好印象。当学生介绍完之后就马上给予分数（也可以再请整组一起来小组自我介绍，依时间完成先后次序还能额外加分），学生如果对分数不满意，还可以给他机会反复介绍、再行加分（这是为了让学生有机会可以改善、增进原本缺少的能力。学生自我介绍的能力需要用一辈子的，不是吗？所以当然可以精益求精，如果想让学生有次数的局限与慎重感，也可以规定只能重复介绍三次）。训练详情请见以下讲义。

※ 附录：实学讲义之第一回合——"自我介绍""学思达"讲义

张辉诚　撰写

问题：

（1）请问自我介绍的要点有哪些？你觉得哪几点最重要？你最擅长哪些，最不擅长哪些？

（2）除了下面介绍的要点之外，你觉得自我介绍时，还有哪些很重要，可以分享给大家？

浅谈“自我介绍”：

一、自我介绍有多么重要？

人的一生，有太多机会需要自我介绍：亲朋好友间聚会，进入全新班级、新公司、新社团，结交新朋友，追求心仪之人，就连将来要到男女朋友家中做客（除了傻傻等别人介绍之外，也要学会主动出击），以后说不定还要“相亲”等，都需要自我介绍啊！更不用说，大学推荐甄选时还有“面试”这一关！

二、自我介绍的要点（这也是同学们来自我介绍时必须注意之处）：

1. 先想清楚要自我介绍的“对象”是谁

对象不同，自我介绍的内容、态度、方法都不同。对长辈的自我介绍方式，一定和对晚辈的不同；对教授的自我介绍方式，一定和对同学的不同……依此类推。所以，每次自我介绍，面对不同对象，内容都应该有所差异才对。

2. 姿态

（1）眼睛正视着对方眼睛，眼珠不要飘来飘去

为什么我们会害怕直视对方眼神，那是因为人类大脑、遗

传和经验告诉我们，眼睛直视，就是动物锁住猎物的状态，大脑会发出警戒信号，把眼神瞥开。应该如何克服这种状况？有一简单方法，自我介绍时，“只要盯住对方的鼻头、眉心或额头”，自己就比较不会害怕了，对方也会觉得，讲话者是正在看着他讲话。（这是很困难的一点，同学们来自我介绍时就会感受到，但成功克服了，将来自我介绍就更顺利、更纯熟了。老师要一直提醒同学察觉到自己的眼神直视与否状态。）

（2）自我介绍时的身体姿态：自然、放松、稳重

自我介绍时，因为紧张身体有时会开始前、后、左、右摇动，双手和双脚也会很不自然地摆动，握拳、交叉、摩擦。学生自我介绍时，老师会特别提醒，让同学察觉到已经出现这些紧张姿态。唯有察觉，才能改进；唯有改进，以后才能习惯成自然，以后才也不会觉得扭捏、奇怪、害羞。越不练习，情况就越不会转好，以后频繁遇到自我介绍的情况时，结果很可能就是，每次都用不好的状态来向别人自我介绍，这样会造成恶性循环。

（3）讲话速度、音高和音量

一般人只要一紧张，讲话速度就会加快，一加快，就会害怕

"每一句话和另一句话之间的空白"，于是"嗯、啊、然后、所以……"这类的赘词就会出现，填满空白，变成每句话的开头语。

怎样可以改善呢？讲话时，试着把语速放慢，出现空白都没关系，感受一下"停顿"和"空白"的力量（当然也不能太慢，听者会睡着），讲话的速度只要放慢，自己的思考速度才会赶得上来，这样句子也比较有时间可以调整、美化和装饰。各位来自我介绍时，试着把讲话速放慢看看（老师也会提醒大家）。

向人自我介绍时，试着把音高降低，音高一降低，愈能让对方感受到"稳重"；如果把音低升高，容易让对方感受到"兴奋"。具体情况要依对象而定，不过音调降低，大体而言，是比较好的状况。

自我介绍时的音量最好是大小适中。太小声，容易让对方感觉你没有自信；太大声，又容易让对方觉得你粗鲁（好听一点是粗犷）。

三、自我介绍的内容

1. 自我介绍的关键——让别人记住你的名字、记着你的优点

记住：别人记不得你的名字，不是别人的错，是你自己的

错！你是谁啊！为什么人家要记住你的名字？正因为你是个无名小卒，才需要自我介绍啊。你真的有名，还需要向别人自我介绍吗？某大文豪曾说："名片是给谁用的？是给没有名的人用的！"此语甚妙！记住：别人会刻意记着你的名字，大多是"别有所图"，例如：要追你！要网罗你！你要反过来想，你希望别人记住你的名字，是因为你不喜欢别人叫你"喂""某小姐""那位先生""这位女士"，既然不喜欢，就要自己主动改变这种情况！而不是只会生闷气，生气别人记不住你的名字。

2. 如何让别人快速记住你的名字

这就是大家要花心思去想的，例如老师会这样说："您好，我是张辉诚，脏脏的灰尘，您以后可以叫我'阿诚'就好了！"

想一句形象化（通常会搭配"谐音"）的句子（两三句当然也可以，但是愈简短愈有力），来介绍自己的名字；然后，告诉对方可以怎样叫自己（这样就是帮助对方快速、方便、更加容易地记住自己，帮助对方，就是帮助自己）。小名、绰号都能拉近彼此的关系。

如果你有一个很好记的名字，要感谢父母；就算是"烂大街"的名字，也要感谢父母，因为它让你在自我介绍的过程中占尽了便宜。当然，如果你愿意挖空心思，把“烂大街”的名字介绍得推陈出新、创意十足，这样不是更好吗？这样不就同时把你的创意、机智和不俗表现出来了吗？而不是只会自嘲说：“唉！我的名字“烂大街”了！”这样就会把自己的无奈、对自己名字的不喜欢，同时把负面想法表露无遗。

3. 如何让自己的优点巧妙融入介绍之中

巧妙介绍自己的名字，将优点融入其中。如：家父把我命名为张辉诚，是希望我能张扬、辉显“诚意”，希望我做到《中庸》所说：“诚者，天之道也；诚之者，人之道也”“不诚无物。是故君子诚之为贵”。我也一直努力朝这方面充实自己。

巧妙利用介绍自己兴趣时，将优点融入其中。如喜欢弹钢琴，弹了多少年之类。

巧妙通过转述别人的评论，来凸显自己的优点。如我的初中老师说我是一个认真、尽责的学生（然后再稍稍描述细节），因为我担任班长时，曾经做过两件事，让他很感动，第一件事是……

四、引导对方讲话

好的自我介绍，主动出击之后。接下来，就是引导对方讲话，而不是自己叽里呱啦一直讲。

要学会善用问句！试着问对方：“请问应该怎么称呼您？”“朋友都怎样称呼您？”“您看起来很会打扮耶！请问您的好品位是怎么来的？”诸如此类。记住：要别人对你有兴趣，你就必须先对别人有兴趣；要别人听你讲话，你就必须学会先聆听别人说话；别人愿意讲话，是因为你问了好问题，你真诚地表现出对别人的浓厚兴趣！

所以，如果有学生问我：“老师，你办公桌上有好多漂亮的古物，你怎么会有这么多漂亮的古物？”我一听就觉得，这个人太有品位了，太值得交往了，但如果反过来问：“老师，你办公桌上有好多垃圾，你怎么会变成拾荒老人？”我一定哑口无言，独自神伤。

不过，这是交际时才用，自我介绍或将来面试时，就不用引导对方讲话了。

五、自我介绍作业

（1）某月某日之前，每位学生都必须自己找时间（下课、中午、放学后等时间段，如果我在的话，都可以来介绍。我的位置在逸仙楼一楼语文科办公室，座位上书最多的就是我的位置）来向我作自我介绍，这是一次平常分数。满分一百。

（2）请准备好了再来自我介绍，每个人有三次机会，每一次老师都会给分。如果第一次不满意，例如只得七十分，还有第二次和第三次机会，老师每一次听完之后都会说哪里需要改正，修正之后再来介绍；如果有进步，分数会不断增加（例如从七十分变成八十分或九十分，甚至一百分）。

（3）没有主动来自我介绍的同学，老师会约谈是否出现什么困难。

塑造“主动与自愿”的班级干部选举

班级干部难产，常是班主任进行班级经营面临的第一个重大考验，“学思达”的联结与对话可以解决这个难题，让“班级干部选举”从“不主动和被迫”变成“主动与自愿”，甚至勇于竞选。老师们可以先站在学生的角度想一想，为什么学生不想担任干部？在我看来，原因有如下三点。

- 学生担任干部，吃力不讨好，学生觉得担任干部是“弊多于利”。

- 学生一旦被推选上干部，大多觉得倒霉、感觉被处罚（尤其是被推选或抽签抽中），而不是奖励或肯定。
- 当学生进入一个全新陌生的班级环境，优秀学生并不太敢出风头，因为害怕被讨厌，因此大多选择沉默低调、明哲保身。

所以，若想要改变学生的行为，就必须先改变学生的观点，同时满足学生的内在渴望。如此一来，才有可能改变学生的“不主动和被迫”行为，也才会有学生愿意主动自发担任班级干部。

还有，只有让有领导能力、有热情、愿意牺牲奉献，以及可以让班级产生正向动力的学生主动站出来担任班级干部，愿意为班级服务，班级经营才容易成功。若非如此，堂堂班主任便常会沦为班级干部，一会儿管秩序（变成纪律委员）、一会儿又管整洁（变成卫生委员），管东管西，越俎代庖，干部形同虚设，班主任疲于奔命。

班主任最应该做的事情，是好好选拔干部、好好训练干部能力，让干部各司其职，最后让班级像一个层层负责的公司领导阶层一样，运转着整个班级。问题来了，“学思达”如何通过一道又一道的问题设计、活动与说明，一步步改变学生的观点，让学生愿意主动担任干部？这个过程有些复杂，我试着拆开来，一个一个步骤解说。

第一个步骤：在自我介绍时加入相关问题

在师生初次见面的第一节课，设计几道问答题（这是“学思达”的专长之处），刻意加入“以前担任过班级何种干部”“以前老师觉得我担任干部时表现如何？评语为何”（也可以再加入“我觉得我适合什么样的职位”“我想挑战什么样的职位，以补强我不足的能力”），让学生上台时回答。

为什么要刻意加入这几个问题？因为这几个问题，有几个重点：一方面可以让有能力的学生，在陌生的班级中把他自己的优点、长处公开表现出来，获得自信与肯定。另一方面，班主任可以马上知道学生的状态与能力。（细节：当学生在台上讲他曾经担任过何种干部的旧经验时，班主任可以回应“你的老师这样夸奖你，老师一定觉得你是一个很有领导能力的学生”，诸如此类的鼓励与肯定之语。）

等学生全部上台自我介绍结束之后（班主任可以事先自行设计

一张表，当学生自我介绍时，可以勾选学生有哪些专长、兴趣，以及担任过何种干部，这样就可以在一张表上一目了然学生们所有信息），然后进入第二步骤。

第二个步骤：老师用简短演讲改变学生观念

1. 班级干部选举前的教师引导话语

接下来班主任必须对全班同学讲三段话，每一段都很重要。当然，也可以直接制作成“学思达”讲义，让学生自行阅读和回答。

第一段话是要告诉学生担任干部是困难的工作，并彻底改变大家都不想当干部、觉得会吃力不讨好、觉得倒霉的观念，将吃力不讨好的干部工作扭转成锻炼自己、接受挑战的最佳时机，让愿意主动担任的学生变成勇于接受困难挑战之人。

各位同学大家都知道，当干部是一件非常困难的事情，但是你能够领导一个三十个人的班级，以后就能够领导三十个人的公司，而且要担任好班长、担任好干部的难度，远比担任一家公司负责人还更难，因为在公司，你是老板、你是主管，你可以奖惩员工、甚至开除员工，但是班级干部都不行，所以这么困难的工作，你还能够做好，就证明你拥有非常强大的领导能力。

第二段话是要改变学生观望、犹豫不决的态度，教会学生当下把握机会的重要性，而班级干部选举就是一种难得的机会。

老师告诉各位，机会一出现，你不把握，机会就溜走了。你们去看看外国那些总统、首相等竞选候选人会不会谦让给另一个候选人？为什么不会？因为大家都想要去争夺权力。班长或干部，没有任何权力，也几乎没有任何好处，可是你现在挑战自己、训练自己的机会来了，你不把握，以后谁会给你机会呢？现在这种最难的工作你不挑战，以后你怎么会有能力迎接真正来临的机会？所以机会来了，记住，就要把握。

第三段话特别提到某些特别吃力不讨好的职位，加强其困难度与挑战！

还有，请各位同学记住，有些班级干部吃力不讨好，非常辛苦，譬如说班级纪律委员、卫生委员、生活委员，可是就因为没有人愿意当，你还愿意去承担，就表示你有勇气，你有承担的能力，你能比别人吃更多的苦、做别人不愿意做的事。但是老师告诉大家，这样的同学将来成功的机会会更大，因为大家都只想要捡容易的做，真正困难的工作，大家都不愿意做；你愿意做才是考验一个人的能耐和才华，锻炼出一个人的真正能力。所以要记住，这些干部真的非常辛苦，做起来也很困难，愿意承担的同学，更是了不起。

老师已经把所有干部职位都写在上面了，刚刚同学说了自己曾经担任哪些干部，你自己说你以前当得很好，现在要证明给大家看；你以前没有担任过干部，现在机会来了，要好好掌握，主动掌握机会，锻炼自己的能力。所以现在，老师开放让大家来自由报名参选干部，如果人数太多，就会进行竞选。

2. 班级干部选举时的教师引导话语

讲完这段话，老师就不要再讲话了，因为老师一直讲话就会变成是老师在一直给学生压力。请回想李崇建老师经常说的：停顿之重要。通常这时候全班会是一片静默，大家会愣住，不敢轻举妄动，像木头人。但隔了一到三分钟之后，通常都会有一个人勇敢站起来，走向黑板，填写自己的名字。这时候老师就要马上回应，说："同学们看，这位同学是我们班上第一个勇于掌握机会的人，大家给他掌声鼓励一下！"（请注意看，我在做什么？我又变成课堂上的主持人，同时一直给予学生肯定和价值。）等这位同学上台之后，填了一个职位，接下来就会带动一个又一个同学，上台自动填写。

如果这时候，有学生填写了纪律委员、卫生委员或生活委员，班主任就必须马上讲话："这么困难的工作，还有同学主动愿意承担，太棒了，大家给他掌声鼓励！"学生陆续上台填写之后，一定还会有空缺，不用着急。因为通常会有好几个学生同时竞选班长，这时候先处理班长的选举。

进行班长选举之前，班主任又要先讲一段话。这段话是：

各位同学，将来大家一定不会选出一个领导者，让一家公司走向灭亡吧？所以，你们一定要选最好的人才来领导我们这个班，等一下所有自愿竞选班长的学生，必须上台发表演说一分钟，讲一讲如果当上班长，你会怎样让这个班级变得越来越好？其他同学就从中选出一位最适合领导我们班的班长。请班长候选人准备一下，等会上台发表演说。

时间到，就可以邀请候选人上台，这时候就可以看到一个个班长候选人慷慨陈词，发表演说。最后就让学生票选，选出最适合的班长人选。

3. 班级干部选举后的教师引导话语

选完之后，还必须注意几件事。

第一，恭喜获选班长。班主任对全班说："我们的新班长是某某某，班长，你有很大的责任，因为你要把这个班带得越来越好，大家给予你这么多的肯定与期望，请问你可以尽自己最大的努力，让这个班越来越好吗？"班长若回答说："老师我可以，我会尽自己最大的努力。"老师就回答说："很好，老师相信你一定可以做得很好！老师也会从旁一直帮助你，同学们给新班长掌声鼓励！"

第二，记得肯定和赞美落选者。这时候，请班主任不要忘了，还有没选上班长的同学，老师可以请落选同学一一站起来，对全班说："各位同学，这些竞选班长的同学，虽然他们没有选上，但是老师告诉大家，机会来了，他们马上就掌握住机会；即使没有选上，但是他们也不会后悔，因为机会来了他们没有放弃机会，这样的勇气、这样掌握时机，非常重要也非常好。大家给他们掌声鼓励一下。"

第三，请班长上台主持班级干部选举。不是还有其他干部空缺吗？这时候就邀请新班长上台，担任主持，继续选出他的小"内阁"（让班长展现其能力），先选出副班长，之后也让副班长上台一起主持，这样可以让班长有人力支援，不会陷入孤军奋战的状态。还有其他空缺没人自愿担任的情况，也让班长去操心，班主任只要在一旁担任指导角色（以前都是老师成为担心的主角，担心选不出干部，同学则人人自危，担心被选上干部），这些状况不会很难解决，因为其他落选的同学，会再选择更难的位置，表现其能力。

第四，一开始耗时远比后来亡羊补牢耗费更多时间和心力好。做这些事，需要付出时间成本，也就是第一节课的班级经营必须花以往的两倍到三倍时间，但是可以得到后续惊人的成效，节省将来更多补救班级经营的时间。

4. 为什么激发学生主动且自愿担任班级干部非常重要？

因为如果班级干部是被他人所推选，或抽签选中，学生第一反应常常是“老师我不要当”，一旦被强迫决定，将来没做好干部工作，班主任想要要求或加以责备，学生很可能就会说：“老师，不是我要当的，你觉得我没做好，可以换人当啊！当初要当，也没有征得我同意啊！”这时候班主任也只能徒呼奈何了，如此一来，班级经营就容易陷入僵地。

但学生自愿且经过竞选才脱颖而出，如果老师觉得学生没有做好，把他找来谈话，学生会说：“老师对不起，我会再努力！”老师才有办法要求学生改变，因为学生是自愿的，心理状态完全不一样。

如果不是自愿，老师一要求学生，学生就会觉得自己很倒霉、担任干部是一种变相的惩罚。

做这些事、讲这些话，总归来说，就是改变学生的观点、赋予学生期待、满足学生内在最深的渴望（成就、荣誉、责任、承担、有意义、有价值、被接纳、被肯定）。老师把学生都不想做的事情，通过改变学生的观点，让学生改变行为。

而且这样的好处是，有些学生其实很想当干部，但在一个新班级，如果一个学生自己突然毛遂自荐，很有可能让会其他同学觉得这人好高调、好自大、好爱表现等，这些负面的观感就会出现，这些同学也会产生压力，不敢主动自发。但现在因为有老师通过上述引导话语，改变了学生的观念，让学生了解担任干部是一件很困难的事情，愿意主动承担的同学是勇敢挑战自我、牺牲奉献、服务他人的模范。于是参加竞选者可以得到老师和同学的肯定，获选更是一种肯定与荣耀，即使落选也仍能得到肯定与尊重。如此一来，班级干部选举就会充满主动性、积极性，能力得到激发，同时学生之间也充满了尊重、爱与包容。学生内在的渴望得以在第一次班级干部选举就被点燃，即使身处在一个初次接触的新班级、一个陌生的环境之中，仍能在过程中得到成就感与自在。

所以我常讲，“学思达”最迷人的是，从第一节课就开始了，班级经营融合着“学思达”，一开始就是师生应对（老师设计问题，学生上台回答）。这些成果，都是我跌跌撞撞花了十几年从失败中不断调整出来的。从前我很难向别人讲解我在做什么，现在有了萨提亚冰山图之后，我可以用一个完整的观点和清晰的脉络，向大家解说（详见下一章）。

“学思达”的班级经营一开始顺利进行之后，接下来班级经营就会变得非常顺畅且迷人，会进入自动运转状态（当然老师还需要从旁协助干部成长，教会干部运用企业管理的方法和表格来进行管理）。假若一开始班级经营没有处理好干部事宜，接下来的状况很有可能就会演变成：老师变成老妈子，随侍在侧，事事操烦；或是更惨，班级经营渐渐失控、甚至混乱。（这两种状况我以前都遭遇过。）

如何让老师不像老妈子一样永远紧守在旁不断叮咛？重点是要教会学生用自己团队内在的约束力来约束彼此、来激励团队——这两种动力其实并不一样，一个是来自老师外在强迫的压力，一个则是源自学生内在共同的期盼。这个共同期盼的主题可以在第一天就形成了：我们班要变成一个很棒的班级，而且靠我们自己同学一起来完成，领导者是班长，班长把这个团队打造出来，老师是背后的推手。

是的，班级经营的主导权，可以交给学生。

“学思达”上课方式的说明

学生到底在乎什么？每个老师都应该要设法知道，如此才有可能满足学生需求，同时能带领学生到达另一高层次的境界。

我的学生大多注重将来的大考成绩。所以语文“学思达”教学，就先拿大考的考卷给学生看，让学生自行分析，这样学生就能懂为什么“学思达”要这样上课（这是语文科的优势，考试方式和内容几乎没有范围，而且以能力为主，完全有利于“学思达”教学）。“学思达”满足学生考试的需求之后，会在满足这个需求的过程中，又能不断扩充学生的各种能力，强化、深化，让学生的能力越来越坚实、越良好。

如果不是语文科呢？我的看法很简单，也可以先满足学生的分数需求，然后再让“学科知识和真实生活”紧密连接在一起，当学生觉得有用，即使考试不考，还是能学得津津有味，乐在其中。再来就是让学生一直处在高层次的认知目标，让学生有不断进行创造的机会和锻炼。然后同时考量，到底学生的目标是什么、期待是什么，老师的理想和期待又是什么，找到平衡点，以终为始，不断在课堂上训练学生，朝最终目标前进。

然后，可以口头说明，也可以写成文章（或制作成讲义），或者播放相关“学思达”的说明影片，向学生说明为什么要进行“学思达”、进行有别于单向式讲述的教法，原因是什么、目的是什么、好处是什么、上课流程是什么，学生会遭遇哪些困难、会有哪些收获和多元能力的养成……当然也可以在家长座谈会的时候向学生家长们说明，这样就更能大幅度降低学生一开始的不适应，也能减少学生家长因为不认识“学思达”而产生的反弹。（详细做法的说明及案例，可参考《学思达Ⅰ：张辉诚的翻转教学实践》一书。）

12

建立机制

“学思达”分组策略与计分机制

真正开始用“学思达”进入课程教学的第一堂课，老师首先要做几件事是：向学生说明上课方式、为学生分组、建立机制、下发“学思达”讲义、开始运转“学思达”五步骤。其中，“分组”和“计分”机制的建立，两者紧密相关、环环相扣，是“学思达”课程开始时的重点。

分组和建立机制的整体思维

“分组”其实在很多教学活动时都会采用，并没有什么特别的方式；但对“学思达”而言，分组有其特殊目的。因为“学思达”想要通过“分组”来达到以下这些目标：分散学生学习压力、训练小组内合作、小组之间的正向竞争，以及程度好的学生可以教导程度弱的同学，各自得到良好学习效果。所以接下来的问题便是：如何善用分组，才能达到这三个目标？

“学思达”的做法是：原则上将学生区分三到四人为一小组（人数可自行调整），同组学生的分数绑在一起（也就是说“个别学生”上台回答问题的得分，就会是“团队的分数”，之所以要这样做的原因是，同组学生才容易出现命运共同体的感觉，也比较容易进行讨论及合作，并且程度好的学生也比较愿意帮助程度弱的学生）、不同小组之间则存有竞争关系（但为了导向正向竞争，避免恶性竞争，所以没有零分、也没有扣分）。

分组的同时，加入“计分机制”，每一个被抽签上台或开放抢答时自动回答的学生，除了代表全组分数之外，只要被抽中或主动回答每一道问答题的学生，都能获得最低分一分（等于告诉学生，只要是被抽中或愿意主动回答，不管答对或答错，都能得到一分，让学生觉得抽中就是奖赏，而且讲错也没有关系，意味着老师允许学生犯错），另外再设定最高分的限制（每一个问题的最高分与最低分之间的差距最好不要太大，最高分也许是四分、五分、六分，由老师自行决定；若是设定为十分甚至更高，如此一来，最低分一分的话，就会显得没有分量、可有可无，也比较容易失去激励学生的效果），而且个人分数代表团队分数，一旦抽签得到一分，被抽中的同学等于是全组的福星、幸运儿，为全组带来好运，但是他又带着全组的希望上台，全组都希望还能往上再得到第二分、第三分、第四分甚至满分，这样就会自然而然产生一股正向的向上学习动力。

以上是“分组”和“建立机制”的整体思维，下面则详述具体操作时的各种细节，也是“学思达”老师第一节课必须清楚知道的内容，这些操作方法，先学会、熟习之后，慢慢就会发现，每一个环节都是环环相扣，也可以自由灵活变化，到最后也可以逐一去除，甚至全部取消，学生就会进入完全自学的迷人状态。

“学思达”的分组策略

常态分组人数，原则上以三至四人为最佳，两人通常较为孤单，超过四人时（例如五个或六个学生一组），座位就必须有所变化，讨论时必须紧密靠坐，才方便同组对话，否则就很容易出现有学生放空或自动分成两组，难以全组讨论。

分组方式，一开始老师若没有任何学生资料（或者学生的素质很相近），可由老师自由划分组别，优点是分组的速度快，缺点是不知道学生的个性、学习状态、程度，一旦让学生开始讨论和合作，学习的状态自然比不上刻意安排之后的效果。

一旦老师手上有了学生的各种资料（如学生之间的友情、特质或成绩表现），就可以根据学生的差异来分组。假使老师想要程度好的学生帮助程度弱的学生，就可以将“上、中、下”不同程度的学生编在同一组；假使老师想要让不同程度的学生，各自得到良好的训练，就可以将程度“上、上、上”的学生分为一组、“中、中、中”的学生分为一组、“下、下、下”的学生分为一组（但是“学思达”流程和“学思达”讲义也会跟着调整，例如讲义就会同时有上、中、下三种，而且讲义是完全不同的进度和内容）；当然，也可以有时候“上、中、下”学生一组，有时候又“上、上、上”一组、“中、中、中”一组、“下、下、下”一组，交错使用；最后，更可以做到“完全个别化”学习，每个学生自己一个人就是一组，各自拥有自己的进度、内容和教材（这时候通常都会搭配“线上教材”，如“均一教育平台”“Coursera”“北京洋葱数学”等，因为比较容易完成）。

1.“上中下”不同程度的分组方式

若是想要让不同程度（上中下）学生分为一组，目前“学思达”老师使用最多的方式是，大联盟选秀分组法。

老师会先将程度较弱的学生群挑选出来，以全班十二人为例（人数多寡可由此类推），四人一组，先将学生区分为四大类（ABCD，为避免学生感觉被贴标签，可将ABCD改为其他相应中性名称，如“经理、教练、首席球员、自由球员”或其他学科的相关人物，如物理科的“牛顿、爱因斯坦、费曼、霍金”，小学生则可以采用他们喜爱的卡通人物，如“哆啦A梦、胖虎、大雄、静香”，当然也可以根据学生在小组内的工作性质，而给予“组长、记录员、纪律委员、报告人”来划分，名称可有许多的变化与设计）。然后再先行抽签选出D、D1、D2，让同属“D”群的同学先选择“A”群的同学，就像下图（见图十一）。

D	→	A
D1	→	A1
D2	→	A2

图十一

之所以让D群同学选A群同学的用意在于，D选择A，意味着D对A有认同感，以后A教D的时候，D比较容易接受。但问题也会出在A未必认同D，也未必愿意帮助D，所以这时候同组分数绑在一起就很重要。当然A也可能会出现反感情绪，为什么他一定要教D帮助D？遇到这种情况，就可以有三种做法：一是告诉A学生，当他在教别人的时候，学习效果可以高到90%；二是将来他当了领导者，底下成员的成败会直接影响他的成败，这是团队合作的重要训练；一开始前两个做法可能会有效果，但程度好的学生可能还是会说：我不想要有这么高的学习效果，我将来当领导者也不会找这种成员，或是抱怨 D 怎么教都不会，我还没有分数，真是太不公平了。这时候还可以有第三种做法：将分数再切出另一种“个人分数”，只要 A 有尽力教 D，无论 D 有没有学会，A 都可以得到个人分数，如果教会了 D，A 还可以再得到两倍或三倍的分数。上述方法都是一样的原则，让学生产生正向动力，这样 A 就比较愿意教 D。

再者，当 D 选完 A 之后，就换 A 去选 B，原因在于，这样 A 就可以和 B 有连接关系，不会觉得自己在这一组很孤单、甚至被 D 选上很倒霉（见图十二）。

D	=	A	→	B
D1	=	A1	→	B1
D2	=	A2	→	B2

图十二

A 群选完 B 群之后，只剩下 C 群。C 群就不让 B 群去选，因为到了最后，会有一个人被选剩，这位孤单的 C 就会很难堪。所以最后的 C 群是让老师用抽签的方式，先抽到哪一个 C，他就可以优先自由选择要加入哪一组，这样就不会有“被挑剩”的同学（见图十三）。

D = A = B ← C
D1 = A1 = B1 ← C1
D2 = A2 = B2 ← C2

图十三

在分组的时候，也可以考虑结合学生的座位配置，例如先抽到的 D，他就可以先选 D 的座位，他的旁边就会是 A，后面就是 B，右后方就是 C。这样的好处是 A 和 B 可以紧邻包夹着 C 和 D，同时又方便帮助他们（见图十四）。

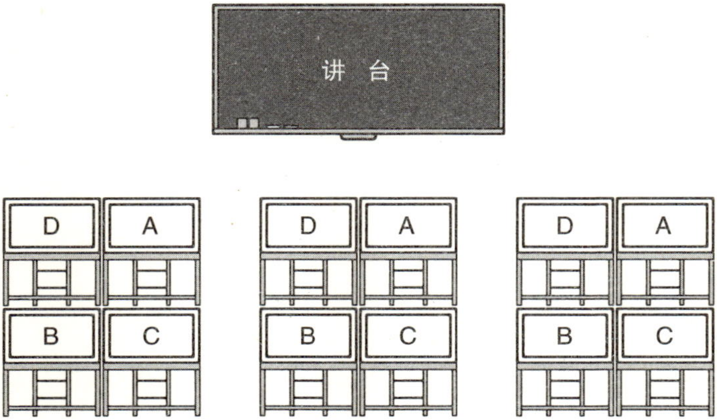

图十四

另外，如果遇到特殊学生（如自闭症、多动症学生），老师可以特别抽离出这些学生，等全班分好组之后，再给这些特殊学生一个特殊机制，只要接纳他们成为同一组的同学，愿意教导他们，就能多得更多倍的分数；而且如果能够训练他们上台回答问题，每上一次台，其同组同学最低分是一分，特殊同学最低分就是五分，再往上跳。如此一来，这些特殊同学就会从同学眼中的“烫手山芋”，变成“炙手可热”争相邀请加入各小组的珍宝——确实就有一位“学思达”老师这样做，让各小组的组长公开发表邀请感言来邀请几位特殊学生，在各组都争先恐后地邀请下特殊学生都哭了，因为他们从来没有这样被珍惜、被热烈邀请过。

2. 学生异质性加同质性的分组方式（差异化教学之一）

若要从异质性的分组（ABCD 学生为一组），开始走向同质性分组，可以参考高雄市林健丰老师的做法。他是将三个人分为一组，并桌同坐，A 坐中间，B、C 坐在两侧。A 坐中间就方便和 B、C 讨论，也方便教导 B、C；所有 C 群学生都集中在中间走道，方便老师照顾和教导（见图十五）。

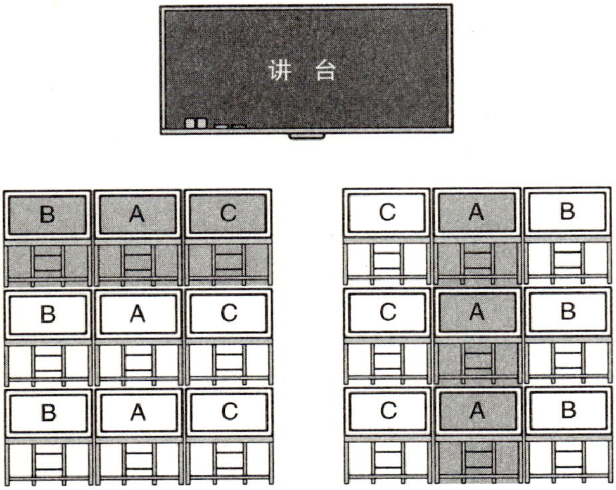

图十五

这样的分组方式，小组合作时是横排三位（ABC）同学一组，但讲义上设计的问题又分成“难、中、易”三种。进入抽签问答时，遇到困难的问题，分组就开始变形，变成直排的“AAA”进行讨论和回答、中间程度的问题就会由直排的“BBB”一组讨论和回答、简易的问题就会由直排的“CCC”一组讨论和回答。换句话说，产生变化的关键在于“问题的设计出现难中易三种层次”，就能让不同的学生回答不同难易度的问题，而且分组的变化关键就在于“横排和直排”的巧妙变化，穿插着异质性和同质性的学生，于是也就会开始逐渐走向差异化的教学。

3. 学生出现三种不同“同质性”的分组方式（差异化教学之二）

“学思达”教学过了一段时间之后，就会发现有些学生的学习速度越来越快、他们需要更多的自学材料、更多的进度，所以老师一开始可以补充更多资料、设计更多问题给他们。但是这些学生依然会被困在同一组的统一进度当中，学生会逐渐开始出现不耐和反感，这时候就又可以开始调整分组，让学习速度变快的学生编入同一组群、正常速度的学生编为同一组群、落后学生编成同一组群（见图十六）。

但是这样要如何上课呢？可以的，只是前提就必须有超前进度的讲义（甚至也可以做到内容和进度都截然不同的三份讲义），否则便不可能达成。

不同进度的上课方式又该如何进行呢？上课时，一开始还是全部学生自学、思考、讨论，回答讲义上的问题，然后老师先站在四组 A 的中间，抽签让四组 A 的学生发表、老师统整。结束后，四组 A 又进入自学模式，老师再走到四组 B 之间，抽签让四组 B 的学生发表、老师统整。结束后，四组 B 又进入自学，老师又走到四组 C 之间，抽签让四组 C 的学生发表、老师统整。结束后，四组 C 又进入自学。老师再走回到四组 A 之间，抽签让四组 A 的学生发表、老师统整。如此周而复始。换句话说，同一节课、同一个时空，只要善用“学思达”讲义、分组和机制，就能同时教导三种截然不同的课程和内容，这都是老师单向式讲授难以做到的事情。

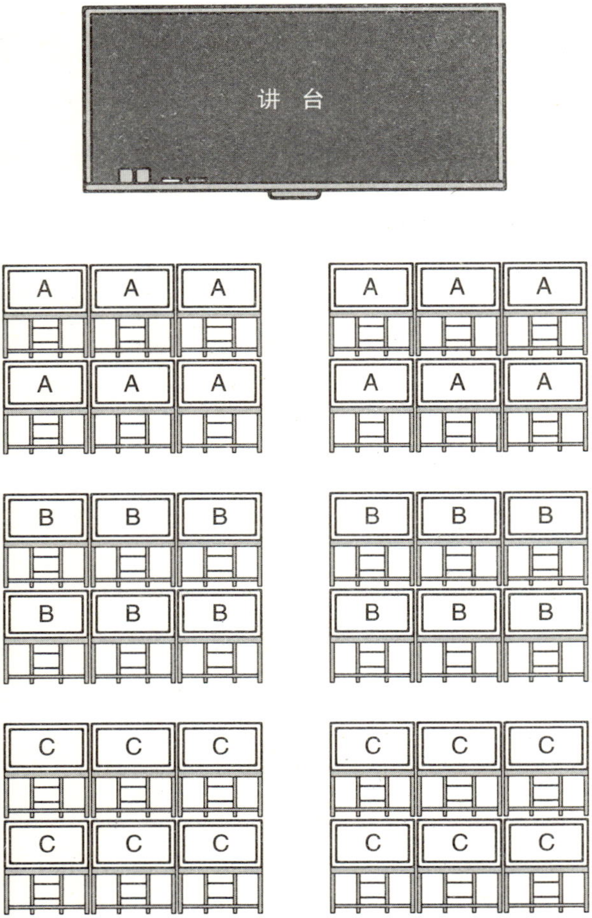

图十六

4. 学生个别化学习的分组方式（差异化教学之三）

“学思达”教学成熟之后，老师们懂得紧密运用讲义、分组和机制之后，若能再搭配在线教学影片，就可以进入完全个别差异化的学习。在线教学影片的优点很多：可以突破时间和空间的限制，学生可以反复学习，学生有完整的课程地图和学习内容（意味着学生可以超前学习，也可以补救教学），老师可以通过后台看到学生的学习状态（知晓学生的困难点和杰出表现，进行准确的帮助）。

每个学生都可以根据自己的能力与兴趣进行学习，老师可以完全放手让学生自学，让学生知道整学期的教学进度，由学生自行决定自己的进度；也可以通过讲义的设计让学生知道每一节课的任务、学习目标为何；也可以通过分组机制的灵活变化（例如这个单元的学习者可以到 B 群组讨论、超前进度者可以到 A 群组讨论等）；也可以直接和老师进行讨论，于是学生要完成什么基本任务（落后都没有关系，照样可以补上），完成之后可以得到什么奖励，可以如何超前，超前可以得到什么奖励，如何呈现学生超前、杰出表现和小组合作状态，都可以通过各种讲义和机制表现出来。这也是“学思达”老师很快就可以运用、实践“翻转教室”的概念、结合教学影片的主因。

“学思达”的计分机制

1.“学思达”计分方式的主要特征

“学思达”计分方式的主要特征为：小组分数绑在一起（希望促进团队合作）；正向竞争（小组内合作、小组之间良性竞争）；没有 0 分或负分；每一道问答题都有最高分的限制（最低 1 分，最高到 4 ~ 5 分或其他皆可），如果老师想要强调什么重点，还可以再拆出不同的计分项目（例如老师想要强调“学生讨论”时的投入与专注，就可以再拆出一类“团队讨论”的机制；或者学生很注重学业分数的公平性，就可以再拆出一个“个人成绩”，作为个人成绩的计算）。

为什么每一个被抽签环节抽中上台回答或开放抢答时自动回答的学生，都代表全组的分数，而且只要被抽到或自动回答的学生，就能获得最低分 1 分？原因在于没有任何机制的设计，只要学生被抽到回答问题，第一个感觉就会觉得“抽中就是处罚”，而且学生会觉得老师只想要对的答案，若是答错了老师可能会生气、同学可能取笑，学生压力倍增且孤立无援。

但是“学思达”的机制改成回答时无论对错，都能为团队得到

1分，这样等于告诉学生“抽中就是奖励”，而且老师允许学生犯错，有小组合作就不会再感到孤立无援。一个简单机制，就能够改变学生的学习、讨论和回答的状态。若是没有任何机制，老师直接问学生问题，大部分学生都不会想要主动回答（因为没有任何好处），即便回答也大多是少数几位学生（这样就无法训练绝大多数学生的表达能力了，这也是“学思达”教学为什么每一道问答题都需要抽签让学生回答的主因），而且被抽中的学生感觉就像被处罚；但是有了全新机制之后，老师很快就会发现，被抽中要回答问题的学生，不但自己很开心，全组同学也会一起开心，其他同学就会开始抱怨，为什么他们那一组都没有被抽中。这个简单机制，之所以会产生这么大的效果，主因在于这个机制调动了学生内心深处的“价值感”（为团队获取分数）、“接纳”（犯错都没有关系、可以得到允许与接纳），这样就能让学生的内在产生奇妙的联结。

2.“学思达”计分呈现方式

计分呈现方式，主要分为两大类：公开和不公开。

- **公开计分**

公开计分的主要目的，是要让全班学生可以直接看到竞争实况，好处是学生会涌起正向竞争的学习动力。公开计分最简单的方式就是在黑板上写上各组组别或组名，一分一分累计（也可以用“正”字符号计分）。中小学的“学思达”老师目前使用最多的是“海螺计分图”（如图十七），海螺图的好处是计分容易，加分时只要移动小组磁铁，同时让学生可以直接在黑板上清楚看到各组间竞争情况（学生后来也会自行设计出各种有趣的计分图）。

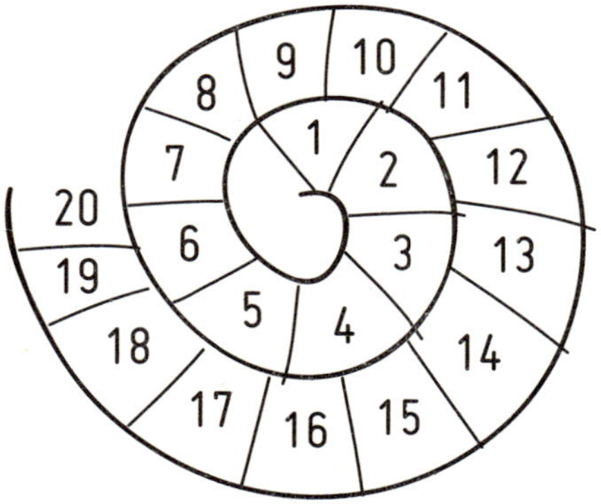

图十七：海螺计分图

有些“学思达”老师会根据这张图再发展出很多小机制，例如这个礼拜最先到达 20 分区域的小组会有奖励、第二名到达又可以得到什么奖励，以此类推。甚至也可以再创造出一个机制，如果这个礼拜全班都能抵达 20 分区域，就能再得到一个全班的大奖励。这样，第一名达到的组员，又会再跑到最后一组落后的同学帮忙，于是就变成“小组内合作”“小组之间竞争”“全班共同合作”的迷人样貌。

- **不公开计分**

不公开计分方式的主要目的是想让全班同学的竞争压力减少，让所有评分都在默默当中进行（通常较适用于高中或大学等年龄较大的学生，但也不必然）。

不公开计分的做法是，设计好一张表格，上课一开始进行分组，分好组后选出组长，将计分表格交组长，然后请每一个组长，大喊该组组员，让其他组的组长可以填入各组组员座号或姓名。

上课时抽到哪一位学生，每一组的组长就可以根据分数限制（1 ~ 3 分、1 ~ 4 分或 1 ~ 5 分）给予评分。抽到同一组的组员，该组组长就可以直接给一次满分，作为奖励。

一段时间结束后（例如一个月或一次段考后），需要重新分组，请各组组长将总分加起来，算出每一组的团队分数（老师一定会纳闷，这样为何还要区分每一组的组员名字？目的是要知道这段时间有哪些同学没有被抽过，可以优先让这些上台回答，这样才能做出区隔），再将各组组长交回来的成绩，加总起来，算出每一组的成绩，区分出前后名次，公布在黑板上，然后作为接下来奖励的依据。

如果学生还是有个别分数记录的需要，例如每一个知识点的选择题评量，就可以再切出一个小组各组员的登分栏，纪录学生个别分数。而且好处是，一个小组长只需要记录大约四位同学的分数，也可以减轻小老师的负担。

3.“学思达”计分设计考量

• 谁给分（老师？学生？优缺点？）

老师给分的优点是快速、专业，缺点是每次都要想给几分，也容易和学生意见相忤；学生给分的优点是便利，而且容易投入（要给分必须听同学表达什么内容），缺点是不专业、不客观。两者各有利弊，可以择一使用，也可以交换使用（老师给分，也可以通过扑克牌，每给一组或一位学生，就代表 1 分）。

• 谁计分（老师？学生？优缺点？）

老师计分的优点是快速，缺点是会手忙脚乱，而且可能经常弄错组别、加错分数。学生计分的优点是准确，不会弄错组别、加错分数，缺点是浪费较多时间。新加坡的一位老师新设计出一个机制，让上台回答完的同学，老师回应和给分之后，就直接让回答的同学转身去移动黑板上的海螺图，既不浪费同学接下来的自学时间，也不会弄错，而且这位学生通常都很开心，因为他帮助同组的同学又再多得几分。

当然，如果老师有电脑设备，就可以将计分的工作，直接交给电脑处理，那就更好了。

- **分数最后如何转换**

分数的转换，涉及老师如何看待上课表现的这些分数，可以计入平常成绩（如果学生有繁星计划的考量，就必须尽可能做到客观和公平，如果做不到，那就不要将上课表现的这些分数计入学生个别的平常成绩，而是转为另外一种奖励，例如奖品），也可以用其他不同方式来奖励。

例如，有的老师会买教学相关物品来作为奖品，有的老师会用“减少功课”来作为奖励（例如第一名的小组功课减量 90%、第二名减量 80%，依此类推），诸如此类，想出不同的分数转换方式和奖励，也是“学思达”老师之间津津乐道的讨论议题。

- **当学生太注重分数时，如何是好**

那就将竞争机制削弱，而且将分数和学业成绩脱钩，主要目的就是不让学生为了分数而斤斤计较，甚至产生争执，这样就太得不偿失了。

- **当学生不注重分数时，如何是好**

那么老师就更需要尽快学习萨提亚模式，因为学生不在意分数，并不代表学生不在乎自己内在的渴望，萨提亚告诉大家，没有一个人不在乎自己内心深处的渴望和自己的价值，“学思达”老师这时候就需要更强大的对话和联结能力，去联结学生内在的渴望，即使学生不在乎分数，照样可以经由联结内心的渴望，产生学习的动力。

心法四

对话统整力

13

修炼

知识与情意相结合的师生对话及联结

一个“学思达”老师在课堂上开始与学生讨论知识点时，首先面临最大的挑战就是“与学生对话的能力”。

从前的老师只要命令学生上课闭嘴、认真听讲就可以了（上对下的高压管控），完全不需要培养和学生对话的能力；但时代不同了，上课时学生会开始频繁地表达与讨论，老师的应对能力就变得异常重要。老师和学生对话的重点有哪些，是这一节的重点。

知识与情意一样重要

首先，最基本的认知就是老师和学生的对话基础，要建立在平等、和谐与尊重的基础之上。当老师和学生在面对学习资料上是一样的、平等的，师生对话就会从传统老师因垄断资料而容易站在权威的高点转变为平等的关系。老师主持课堂时就会开始自觉地对学生“使用敬语”，应对的态度也会从“高压、威权、指责”转为“温和、自然、自在”。

其次，当学生上台回答问题时，老师必须在极短的时间内针对学生的回答内容，做出判断与反应，同时要回应“知识的讨论”，也要不断连接学生的“内在情意”。

内在情意的连接，上一节已经提及，此处再稍微补充一个小技巧，老师每次回应完学生的知识讨论之后，就可以用“好”“很好”“很棒”“很不错”作为结束，其原因是为了告诉学生，无论好坏，老师都接纳学生所有的答案和表现，只为了让学生觉得安全与温暖。这是情意连接经常使用的方法。当然，和学生的关系越来越紧密之后，这样的用语也可以慢慢省略。如果学生故意表现不好，就必须再切入更深的内在连接。

知识的讨论，老师可以选择回应的方式有很多，如果是封闭型的答案，就必须学会“提供各种暗示和线索”，也可以称为鹰架（scaffolding），帮助学生自行想出答案；若是开放性的问题，老师在回应时，可以有许多选择。例如：重述学生观点、继续追问（追问的句子不能太多，三句左右即可，句子太长，学生要理解之后再表达，很容易反应不过来）、帮助学生厘清观点、整理学生观点、让其他同组学生上台或让不同观点的学生进行辩论，控制时间和流程以及讨论的次数、时间、品质与效益，等等。

14

观摩

桑德尔的精彩课堂实录

以上陈述或许有些抽象，不如找一个教学实例来进行说明。以下是美国哈佛大学麦克尔·桑德尔（Michael Sandel）教授（以下简称“师”）开设的线上公开课“正义”（Justice），第一讲“谋杀的道德面（The Moral Side of Murder）”的文字档（由朱学恒先生翻译），我就以此为例，针对桑德尔教授课堂中如何主持、如何与学生应对，一一进行分析与说明。

师：这是一门探讨正义的课，让我们先说一个故事。第一个问题：假设你是一个火车的驾驶员，而你驾驶的这辆车正快速在轨道上行驶，时速六十英里，而在轨道尽头有五个工人在工作，你试着想要刹车却做不到。你的刹车失效了，你感到十分紧张，因为你知道如果你撞上这五个工人，他们必死无疑。假设这是一个确定的结果，因此你感到非常的无助，但接着你发现右边有条岔路，而那条岔路底只有一个工人在工作，你的方向还可以控制，车辆还可以转向，可以转向岔路撞死一名工人，但可救五个工人。

作者案：桑德尔老师上课一开始就抛出“问答题”，而且这个问答题主要特征就是“生活化”，直接和学生的真实生活情境结合在一起，让学生置身其中去体验、去思考，若用布洛姆的认知目标来看，就是偏向“应用”“分析”“判断”的中高层次认知目标。这种教学方法称之为“苏格拉底对话式问答教学”，也可简称为“问答教学”或“问思教学”，其实这种教学方法非常古老，孔子、释迦牟尼、苏格拉底都是这样教学生的，当然，“学思达”也有这个部分，但有两个主要不同之处。

其一，“学思达”会将这些原本老师需要口头讲述的主问题，都转为用“文字”来呈现，好处是老师就不用像桑德尔一样高难度地必须将所有要问学生的问题都背在脑海（而且细节和次序都不能弄错），文字呈现之后就方便在课堂上操作（直接以主持人的身份对学生说“请同学看问题一的问题”即可），如此也方便老师之间的教学复制。加上学生阅读速度较快，就不会因为老师需要频繁口头陈述问题而浪费时间，再者问答式教学过于强调学生的快速反应能力，容易失去深度思考能力（必须迅速而机智地反应），也不能同一时间抛出好几个连环的问题，这是老师口头陈述问题的局限，但若改成文字呈现则可以一次问很多问题，而且学生还可以反复看着问题细细思考、寻找和讨论答案（这也是“学思达”迷人的地方，课堂上会有很多安静阅读和思考的时间，问答式教学整节课都是师生对话）。

其二，问答式的教学，学生较少有机会相互讨论，主要都是老师和学生之间的讨论，但是“学思达”有大量时间可以让学生之间进行讨论。

你该如何做才是正确的？你会怎么做？（作者案：这两个问题是开放型的问题，没有标准答案。学生也可以回答说请超人来帮忙，所以桑德尔老师会将题目修改成封闭型的答案，方便聚焦讨论。）

我们来投票吧！（作者案：老师一问完问答题，马上就变成主持人，开始主持讨论。）

有多少人会把火车转向，开向那条岔路？（作者案：将原本开放型“你会如何做”的问题修改成封闭型“转向或不转向”二选一的问题。）

请举手。有多少人不会转，继续往前走？选择继续往前走的请把手举起来。（作者案：老师想要快速知道大多数学生的正反看法，可以通过主持，先让学生举手，老师就可以很快先知道大多数学生的意向。）

有一些人这样选择，大部分人则是选择转向。（作者案：老师在设计问题的时候，就已然预想到会是这样的结果。）

现在我们要开始分析，了解你如此选择的原因，我们先从那些想要转向的人开始讨论。你为什么会想转向岔路？你的原因是什么？（作者案：这是承着第一个主问题而产生次问题，再问学生的看法。）

谁自愿说明？请站起来。（作者案：这只有哈佛大学的学生，而且有六百人修课才能这样问。若是一般老师，没有先设计任何机制，只要问同样的问题“谁自愿说明”，通常就是两种情况，没人自愿，或是有少数几个人自愿，而且这少数几个人还经常都是老面孔。所以对“学思达”而言，每一道问答题都必须抽签让学生回答，这样每一个学生才会准备，才能训练到每一个学生的表达能力。）

女学生A：因为当你可以只杀一个人的时候，选择害死五个人是不对的。（作者案：师生问答的最大困难，一开始是设计问题，接下来的就是如何对学生的回答作出回应，而且回应的反应时间非常短暂，几乎都必须在五分钟内就必须快速回应，完全考验着老师的反应能力、学养与素养。而且在回应学生答案的同时，又必须兼顾“知识的交流、激荡与碰撞”与“内在的联结”，同时又能做到内外和谐一致、平等尊重的对话境界。）

师：当你可以只害死一个人的时候，害死五个人是不对的。（作者案：**主持人的第一种回应方式：重述学生的观点**。）

这个理由很好。（作者案：**主持人的第二种回应方式：接纳学生的答案**。这就是所谓“内在的联结”，若用萨提亚冰山图模式来解说，就是冰山深处的“渴望层”的“接纳”，老师接纳了学生的答案，就会让学生感觉到自己是“有意义”“有价值”，这一点很重要，老师展现接纳与尊重，学生才会愿意勇敢开口表达自己的观点和想法；反过来说，老师不接纳学生，不展现尊重，高高在上，蔑视学生的意见和看法，师生内在就会失去联结，学生就不太会在课堂上表达自己的看法。下面还可以看到桑德尔理性对答之后，最后总会接着说“好”“很好”“很好的答案”，这些句末语其实非常重要，其目的都是为了和“学生情意联结”，如果能做到这一点，也不一定要通过加分机制，学生照样会在课堂上勇敢表达看法，原因就在于学生的内在深层有了联结，有了价值感，就会让行为产生改变。)

还有吗?大家都同意这个理由?(有一男学生主动举手,桑德尔将手指向他)请说。

男学生A:我想“9·11恐怖袭击事件”有类似的案例,对那些让飞机坠毁于宾夕法尼亚州田野的人们来说,我们视他们为英雄是因为他们选择牺牲乘客,而不是害死更多大楼的人。(作者案:当老师听到学生这样回答,就必须敏锐察觉到,学生并没有回答问题,而是举例说明,老师就必须帮助学生厘清思路;同时,当学生提到一个重大社会事件,老师是否需要表达对此一事件的看法,这都是听完学生回答之后,必须在很短的时间之内作出回应。)

师:所以这立论也就是和“9·11”发生的选择一样(作者案:**老师主持的回应方式重点之一:帮助学生厘清思路**)。这是一个悲剧(作者案:老师表达出对重大社会事件的看法),但若是杀一人就能救五个人,这就是大多数人认同的逻辑,也就是那些选择转向人们的看法,对吧?(作者案:**老师综合整理学生观点,这也是老师主持时回应的重点之一**。)

让我们来听听少数人的意见。那些不愿意转向的人,(老师手指着某位男学生)没错。(作者案:第一个问答题,“大多数选择转向”的同学,只问了两个学生;接下来老师就开始询问“少数不愿转向”

的同学的看法。每一道问题，要问多少位学生、要问到什么程度、要花多少时间，完全取决于“课程内容的重要性”“学生的程度”“老师要学生回答到什么程度”“授课时间”，因此必须灵活变化、善加取舍找到平衡、达到最佳成效。也就是说，有些问题可能连问都不用问或者连讨论都不需要讨论，有些问题则可能只需要短时间讨论即可，有些反倒必须花费较长时间进行讨论，甚至一而再、再而三地来回反复思考与讨论。因此老师上课主持的重点之一是：控制讨论的次数、时间、品质与效益。）

男学生 B：我认为这样的思考模式，正是合理化了种族屠杀跟功利主义的理念，为了拯救一个种族，你可以消灭其他种族。（作者案：这位学生在回答问题时，老师也必须很快判断出，他提出了一个观点“功利主义”，同时带着一个例证“种族屠杀”，已经开始切入桑德尔想要谈的主题，老师的回应可以选择帮助学生深入厘清，也可以直接带出重点，但是桑德尔选择了另外的回应方式——追问，而且是直接用学生的逻辑进行追问。这是桑德尔厉害之处，他很擅长于运用别人的逻辑观念反问学生，让学生自相矛盾。我猜想，桑德尔并没有直接带出重点的原因，在于他后面还设计了三个问题，所以此刻不能掀开底牌。）

师：那么如果你是在这个故事里面你会怎么做，为了避免种族屠杀的阴影，你选择撞死五个人？（作者案：**老师上课主持重点之一：追问**。这里的追问是老师用学生的逻辑来追问学生，难度甚高。一般对学生大多是封闭型的问题有标准答案，老师追问时重点就在于更多知识的细节，确保学生是真的了解。例如问题是请问什么是高气压？学生回答之后，老师就能再追问："什么是气压？为什么会有气压？气压如何测量？高气压会出现哪些现象？高气压和低气压有什么不同？气压和水压又有什么不同？"老师知道多少、希望学生了解到什么程度，都可以通过追问来完成。）

男学生 B：的确如此。（学生脸露尴尬）

师：好的，还有吗？刚刚的答案很勇敢，谢谢。[作者案：老师追问之后，全班哄堂大笑，意味着同学们都知道，男学生 B 的论点被老师攻破了，老师自己当然也知道，男学生 B 也露出尴尬难堪的表情。这时候老师的回应就非常非常重要，必须直接进入"情意的联结"，就像桑德尔所说的"好的"（意味着接纳学生答案）、"刚刚的答案很勇敢"（意味着他并不同意学生 B 的观点，但是对学生 B 坚持其他大多数人未必认同他答案的"勇敢"表示欣赏），都是属于"冰山模式底层'渴望'的联结"，这一点在师生对话时非常重要，是老师不会深深伤害学生的主因。如果没有这种概念，无意而轻率地说出："唉，现在哈佛的学生都死不认错啊！"这样就会在公开的场合深深地伤害学生的自尊。再者，老师主持的技巧之一：频繁使用“敬语”及“鼓励语”。邀请学生做任何事情，都会使用“请”“谢谢”，也会频繁地说“好”“很好”、“很精彩”“很棒的回答”等鼓励语，老师表现出对学生的尊敬与鼓励。]

师：让我们思考另一个火车案例吧。（作者案：出现第二个问题；第一个问题共问了三位学生。）

看看刚刚大多数的人会不会继续坚持他们的逻辑：“宁可杀一人，不可杀五人。”第二个问题：这次你不是火车的驾驶员，你是个站在桥上的旁观者，你正在观察轨道上的状况，轨道上来了一辆火车，轨道的尽头有五名工人，刹车同样失灵，而火车正要撞死那五名工人。由于你不是驾驶员，你觉得非常无助，直到你注意到旁边有个人，桥边站着一个非常胖的人，你可以推他一把，他会掉落轨道，正好挡住该车，他会死，但他的牺牲可以救那五个人。有多少人愿意把那胖子推下桥？请举手，有多少人不愿意？（桑德尔又化身为主持人，让学生举手，大多数都没举手）大多数人不愿？原因是什么呢？这个“宁可杀一人，也要救五人”的理念呢？刚刚几乎全部人赞成的理念呢？我想要听听你们的理由，我想要听听刚刚站在大多数立场人的解释。你可以解释两者之间的差异吗？（作者案：桑德尔抛出第二个问答题，两个问题之间的设计环环相扣，目的只有一个，让学生自相矛盾，并且让学生在矛盾之中思考，为什么会形成这样的矛盾？这是老师设计问题高明之处，同时问题本身也从第一个问题“同一事件中两种选择的差异”转成“两个事件的相互比较”，问题内容的范围开始变得更宽广。也就是说，当问题数量变多时，老师设计问题与问题之间就必须开始有“层次”“脉络”和“结构”的概念。）

男学生 C：我猜第二个案例里面包含了主动的介入选择，牵扯到推落一个第三者。而一般来说他本来不该被卷入这个状况，本可以逃脱这个危险，这种情况所牵扯到的选择跟之前的并不相同。这三组人包括了驾驶和两组工人，我认为已经牵涉这个状况。

师：但在铁道岔路上工作的那个人，他在岔路上工作时，跟那个胖子一样没有选择要牺牲自己对吧？（作者案：追问。桑德尔又用学生的逻辑来追问学生。）

男学生 C：没错，但他人是在轨道上。

师：而那个胖子是在桥上。（全班哄堂大笑）（作者案：同学们哄堂大笑，是因为意识到学生被老师驳倒了。学生被老师驳倒，同学们可以哄堂大笑，老师却不可以，老师必须察觉学生的状态，快速地进行“情意联结”。）

没问题，如果你想继续讨论是可以的［作者案：让学生觉得“自由”（冰山图的“渴望”层）］。这个问题很困难，你做得不错，做得很好［作者案：接纳学生的答案（也是冰山图的“渴望”层）］，这是个很困难的问题。（作者案：如果老师没有这些概念，反倒说成这样：“这么简单的问题，怎么会答成这样，这么简单的问题耶！”学生心里就会不舒服，甚至受伤。）

师：谁可以解释这两个状况？解释这两种状况中大多数赞成意见的差异。（桑德尔手指着某男同学）请说。（作者案：桑德尔继续再问不同学生的看法。当老师想要继续询问不同学生的看法时，尽量使用“还有其他同学有不同的看法或答案吗”，以避免使用“还有其他同学有更好的看法或答案吗”。因为这样会在不经意之中，伤害到上一位回答问题学生的自尊。）

男学生 D：我认为第一个案例中分成一个工人和另外五个工人，这是两组之间的选择，而你一定要做选择，因为火车必然会撞死人，你的选择无法改变这结果。火车已经失灵，而你在做危机抉择；而推落胖子是个直接的行动，对你来说，就是谋杀，差别在于一个你有控制力，另一个案例则是没办法控制火车，所以我认为这两者有所不同。

师：好，（作者案：接纳学生答案。）还有谁有答案可以说明？谁想回答？这是解脱的方法吗？（作者案：桑德尔继续主持，但没有回应这位学生，因为他接着会再做另一件事。）

女学生B：我不认为这理由很合理。因为在两种状况间，你必须做出选择。选择要杀死那个人，因为转向会杀死一个人。而你的转向，是一个明知后果有意识的行为；另外则是你选择要推下那个胖子，这也是一个主动、有意识的行为。所以两者你都做出了选择。

师：你要回答吗？（桑德尔又用手指回刚刚回答问题的男同学D）

男学生D：我实在不太确定是否真是如此，我还是觉得这两者有所不同，将一个人推下铁轨，事实上变成是你杀害他的。

师：是用你的双手推他下去。

男学生D：动手推人的是你，这才是差别所在。这跟火车驾驶撞人，造成他们死亡是有差别的。（作者案：桑德尔让这两位学生有短暂的辩论。这是老师当主持时，可以回应的方式之一：让学生直接在课堂上辩论。辩论的目的就是让双方可以厘清彼此的想法。）

现在说起来似乎不太对劲（全班又哄堂大笑）。（作者案：学生开始出现窘境，甚至难堪时，老师要做的事，不是跟着全班一起大笑，甚至落井下石，而是要扶助学生再建立他们的信心。）

师：不，不，很好，很好（作者案：接纳学生的表现，无论好坏）。你叫什么名字？（作者案：老师和学生进行连接，通过直接询问和称呼学生名字，拉住学生、稳住学生。请注意，之前发表意见的学生都是没有名字的。）

男学生D：Andrew。

师：Andrew，好，Andrew，让我问你一个问题（作者案：直接称呼学生名字）。假设在那个桥上的胖子旁边，我不需要推他，因为他站在一个机关门上，我只需要像这样转动转轮，就可以打开门。你会转动开关吗？（全班哄堂大笑）（作者案：深入追问。）

男学生D：不知道为何听起来好像更不对了，我是说也许可能不小心压到转轮打开开关之类的（全班哄堂大笑，老师也跟着笑），或者火车正开向一个会启动那机关门的开关……（作者案：当老师听到学生回答问题时岔离主题或答错之后又不断延伸出去，身为主持人的老师重点之一就是：切断讨论或拉回主题。如果不切断讨论，就会开始偏离主题，浪费所有师生的课堂宝贵时间。切断讨论的方式就是先“肯定学生表现”，然后说明切断讨论的原因、拉回讨论主轴或更换新的主题。桑德尔选择了第二种和第三种。）

师：那我就同意，没问题了，够清楚了（作者案：桑德尔直接介入，试图切断讨论）。你说在第二个案例感觉不正确，但在第一个案例听起来是正确的。（作者案：桑德尔帮学生统整重点，并试图拉回主题。）

男学生 D：我的意思是说在第一个案例，你是直接参与了事件的发生，而在第二个选择中，你也是个旁观者。所以你有选择要不要介入的权力，关键在于你要不要推那个胖子。（作者案：学生开始回到主题。）

师：是的，让我们暂时先放下这个案例，很好。（作者案：桑德尔直接切断讨论。最后又说“很好”，接纳学生的表现，情意联结。）

让我们来想另一个案例。（作者案：桑德尔更换新的讨论主题。请注意：第二个问题也是问了三个学生。）

这次你是急诊室的医生，同时来了六名病患，他们是一场火车事故中的伤者。其中五个人伤势中等，一名重伤，你可以花整天的时间治疗那名重伤患者，但另外五名患者会因无人照顾而死亡；或者你也可以照顾那五位患者，治好他们，但同时那一名重伤患者，会因为无人治疗而死亡。第三个问题：从医生的角度来看，有多少人会救那五人？（桑德尔请学生举手，大多数学生举手表示会救五人。）

极少数人，只有几位表示会救那一个人。我假设是同样一对五条命的逻辑。（作者案：桑德尔设计的第三个问题，主要目的就是让学生再一次进入矛盾状态。问完之后，请注意，一个学生都没有问。要问多少学生，都必须建立在主持人的判断与时间掌握上。）

再思索另一个医生的案例。

第四个问题：这次你是一名负责器官移植的医生，面对五名病患，每个人都需要器官移植否则就活不下去。第一个人需要心脏，第二个人需要肺脏，第三个人需要肾脏，第四个人需要肝脏，第五个人需要胰脏。而你因为没有捐赠者，只能眼睁睁看着他们死亡；然后你突然想到隔壁房间，有个只是来检查身体的人。（桑德尔唱作俱佳，这时候突然笑场了，边笑边指着前排的学生，和他联结）你看来很喜欢这个点子。他正要睡一觉，你可以悄悄溜过去，取出五个脏器，这人会死，但你可以救五个人。有多少人会这样做，多少人？会这样做的人请举起手来。（现场无人举手）

楼上有人吗？你会？小心点别把身子都伸出来。（桑德尔提醒楼上学生，以免坠楼）

有多少人不会？好，你的原因是什么？好，楼上那位请讲，为什么你会选择去取走器官？

男学生 E：我想要尝试一个稍有不同的可能性，是否可能从那五个需要移植的患者中，找一个会先死的病患，来利用他的健康的器官以便救其他四个人。（全班哄堂大笑）（作者案：师生课堂对话最困难之处，通常不是学生回答很精彩、老师发自真诚的赞美与邀请学生报以热烈的掌声，而是当学生回答不出来、回答错了或回答不好时，老师应该如何回应。就像这个情况，影片中这个男学生E，长得那么帅，又一脸专注、天真，却讲出这个不经大脑脱口而出的答案，老师要如何回应？）

师：这点子不错。这点子很好（作者案：桑德尔直接接纳了学生的答案。这个反应确实很不容易）。唯一的问题是，你破坏了整个哲学讨论的关键。（作者案：当然，身为老师不能只是接纳学生的任何答案，而不告诉学生标准在哪里，所以桑德尔表情有些严肃地讲了上两句话。如果没讲这两句，只讲“这点子很好”，以后学生也有可能会讲出“点子更棒”的荒谬答案。又，若第四个问题问了一个学生，但是几乎没有任何效果，就潦草结束了，其实也无所谓，老师主持时可以自行断，因为时间宝贵，还有更重要的东西要呈现，就未必要执着于形式，一定要多少人讨论，一定要如何如何，一切都可以随机应变的。）

让我们先跳脱这些故事和争论，分析一下我们的争论所揭露的概念。从我们刚刚的讨论中，某些道德信条已经开始出现，让我们来思索这些道德信条是什么样子。（作者案：桑德尔问完四个问题之后，开始进入综合归纳。如果老师问完学生之后，要进行归纳时，如果怕忘了学生的答案，那就让学生写在小白板或纸上，直接贴在黑板或用投影仪展示，这样老师就不用担心会忘了所有学生的答案。）

在讨论中第一个出现的道德信条认为所谓符合道义、正确的事，标准在于你行为所造成的结果。最后的关键即使杀一人救五人也是对的，这就是“结果论的道德推理方式”。

结果主义者将道德定位在结果对于世界的影响，也就是世界因你改变的结果如何；但是当我们继续深入其他案例时，各位就不太确定道德推论法。当人们开始迟疑是否该把胖子推下桥时，或是抢夺那个无辜者的器官时，人们的立论开始转向行为本身所代表的意义，不管结果如何，人们就是有所迟疑。人们认为这就是错的，行为上就是错的。杀死一个人危害一个无辜者，即使是为了拯救五条人命，至少人们在我们第二个案例里面都会重新思考。

这是第二种分类型的道德推论，“类型道德推论法”将道德定位在某些绝对的道德标准上。不管结果如何，都将道德定义在某些类型的责任和权利上。

未来的课程我们将会分析“结果论”和“绝对论”，道德理念之间的差异。对于结果论形态的道德推论法，最有名的就是被发明出来的功利主义，由边沁（Jeremy Bentham）在18世纪发明的。他是一名英国的政治哲学家。而最重要的道德绝对论哲学家则是18世纪的德国哲学家康德（Immanuel Kant）。我们看看这两个不同的模式，我们会针对不同的道德推论法，分别加以评估，同时分析其他的方法。[作者案：大家应该可以明显看出，桑德尔设计四个问题，最后目的就是为了让学生可以自己导出这两种不同观点，也就是学生是“自己先想过，老师最后才指出”，也就是“先想后教”，等一下也会看到桑德尔让学生课后先阅读下周上课要讨论的相关书籍，回到教室再进行讨论，就变成“先学、再想、再教”，概念都是一致的，先让学生自学自思（学生要自学自思什么则是老师的专业与指引），最后才由老师教导。相反，如果是一般单向讲述的老师，就会变成老师一上课就开始说，同时也在黑板上或PPT上写下道德推论分成两种，一种是“结果论的道德推理方式”、一种是“类型道德推论法”，前者是由谁发明、后者是由谁发明，前者的重点有哪些，后者的重点有哪些。这样的教学方式，就是直接告诉学生答案，学生也不会有思考机会，而且学到的知识和自己的生活经验、真实世界及生命成长历程无关。]

如果你看看我们的课程大纲，将会注意到我们会读很多本伟大且知名的书。由亚里士多德（Aristotle）、洛克（John Locke）、康德、穆勒（John Stuart Mill）等人所写的书（作者案：可见学生是回家先预习，因为大学生课后的时间比较多；如果是中小学，老师要想的是，如果可以不需要利用到学生的回家时间，那么所有预习和阅读的活动，是否都可以在课堂上完成就可以了，因为课堂上高速度学习、高品质学习，学生回家就会变轻松），课程大纲中也提到了我们不只会读这些书，我们也会拿当代的政治、法律的争议，来探讨哲学争议，我们会争辩公平与不公平、平权措施、言论自由和仇恨言论、同性婚姻、征兵制度等实际的问题，为什么呢？因为我们不只希望阅读这些理论性的书籍，更希望能够搞清楚目前的关键问题，特别是我们的日常生活。（作者案：这是桑德尔独到之处，他将课堂上提到的政治哲学理论，都结合真实世界的议题，也就是让学生和知识真实地结合在一起，“用布洛姆的概念就是应用”，老师们只要懂得这样的概念，就会知道设计问题、传授任何知识点时，重点之一就是“将知识和学生真实生活结合在一起”。举例来说，“学思达”专班数学科李昌泽老师设计数学科知识点，第一个问题经常是补充数学史的资料，上面提到的是谁、何时何地、为何发明了这个知识点，然后就问学生“请说明这个知识点的由来”；第二个问题，就是直接设计一个真实的情境，让学生去感受这个知识点如何应用在真实的情境。也就是说，不管教材如何，老师都可以通过自己的专业与问题设计，来实现“知识与生活结合”的教学理念。)

对于政治的哲学因为我们会阅读这些书籍，我们将会针对这些议题辩论，我们将会试着看看彼此之间的关联与互相的逻辑。听起来也许很有趣，但我得先警告各位，要读这些书当作自己心灵上的锻炼，是有某些程度的风险的。这风险不只对个人，也有政治上的风险。这个风险是所有政治系的学生都该知道的，这些风险是来自哲学的目的。它教导我们，并且让我们思考。而所借由的事实是我们早已知道的，这才是讽刺之处。

本课程困难之处在于我们所教到的事物你都已经知道，目的是将我们带离原先熟悉不被质疑的设定（一位看起来像亚裔学生露出不耐烦表情、翻起白眼）。（作者案：课程下略，下面还有桑德尔的精彩归纳整理，还有其他二十多堂课的精彩内容，有兴趣者可自行上网观看，这是网络公开课程——也就是之前所说，教学一旦录像起来之后，放在网络公开，课程就可以记录、重复学习、突破时空学习。我经常在工作坊播放这段教学影片，边播放边解说，通常播放到这里就结束了。我提醒现场老师，桑德尔风度翩翩，口才又这么好，问答式教学时的主持、应对，师生互动精彩无比，问题的设计又环环相扣、贴近真实生活，但是他才单向讲述五分钟左右，学生就流露出不耐烦的表情了，更何况一般老师没有桑德尔教学这样厉害，还要单向讲述四十分钟，甚至五十分钟，学生的感受便可想而知了。)

“学思达”老师如何锻炼自己的主持、应对和统整能力，我的第一个建议就是先把桑德尔的正义课十二讲全部看完，你会学到很多很多，然后慢慢在课堂上锻炼，慢慢从实务中累积经验，这也是“学思达”迷人之处——学，然后知不足。老师不断自学，然后每天在课堂上不断练习、锻炼自己，也锻炼学生，于是老师和学生，都走向不断成长之路。

心法五

班级经营力

15

觉察

用萨提亚模式化解教学中的各种困难

当老师开始进入知识点的教学时，他必须马上化身为主持人，开始让每一个知识点进入“学思达”五步骤流程：自学→思考→讨论→表达→统整。

当然，要顺利运转五步骤并非易事，必须取决于很多因素，例如：学生端的自学习惯与能力、受过填鸭式教学时间的长短、学生的各种能力（讨论、发表、合作）；以及老师端的“学思达”观念的确立与否、流程的清晰度、讲义的制作良莠、主持能力、专业学术素养等。若是学生没有足够的能力，也没有关系，意味着老师必须从头开始教起学生，起始点比较辛苦而已（这也是为什么我们想要让“学思达”老师聚集在一起开设“学思达”专班，这样训练学生就会事半功倍，一个老师训练好了，同一班的其他老师就不需要再另外训练了）；若是老师没有足够的能力，也没有关系，先从小幅度、时间较短的方式开始进入“学思达”，慢慢熟悉，熟能生巧，最后再进入完整的“学思达”。

然而，当老师进入“学思达”五步骤流程，很快就会遇到学生出现以下反应：不自学、不思考、不讨论、聊天、发呆、做其他事、玩手机、睡觉等。遇到这种情况时，老师该怎么办呢？我认为，老师必须面对学生的真实状况并进行处理，但在处理学生的问题之前，老师必须先处理好自己的内在。这是怎么说呢？

一座冰山 V.S 三十座冰山

容我先岔开主题，我自从认识李崇建老师之后，最大的收获就是学会用美国心理咨询学家萨提亚女士（Virginia Satir）的冰山图来察觉自己的内在状态，同时也用冰山图来作为与其他老师讨论教学时的共同语言，帮助老师进行自我内在察觉，以及如何进行有意识的师生对话。

萨提亚女士以冰山图作为人的内在隐喻，用浮露于水平面上的冰山，比喻人表现于外的外显行为；用水平面底下的巨大冰山块，譬喻隐而未显的人的内在心理状态。换句话说，每一位老师都是一座冰山，能够让他人看见的外显部分，只有表现出来的一小部分行为（包括表情、姿态、言语、动作等）。而且每一个学生也各都是一座冰山，如果老师面对三十个学生，那就是老师这一座冰山面对学生共三十座冰山。

我在“学思达”工作坊经常以一个真实情境来解释萨提亚的冰山图。这个情境是这样：假使当一位老师在上课时兴奋无比地解说着，结果忽然看到一个学生伏在桌上睡着了。

这时请您诚实面对自己，扪心自问：“如果你刚好是这位任课老师，当看到学生睡着时，你会感到喜悦的请举手？会感到兴奋的请举手？会感到有成就感的请举手？”答案几乎都是一致的，没有一位老师会举手。

好，我们再想一想，当你上课时看见一位学生睡着了，请问：“你会有一点点难过的请举手？有一点点失望的请举手？有一点点沮丧的请举手？有一点点挫折感的请举手？”通常，会有超过一半以上的老师举手。

换句话说，上课时尽管可能只有一个学生睡着，在一瞬间几乎老师所有正面情绪都消失无踪，而且超过一半会产生负面感受。

也就是说，当课堂上出现学生睡着的外显行为时，很快就会牵动老师内在冰山下的第一层——“感受”。感受就是情绪，情绪有很多，喜怒哀乐诸般情绪，可以划分得非常细腻，重点在于老师能不能察觉、关注，甚至接纳自己的情绪状态。

如果老师还不能察觉自己的内在状态，很可能就会开始直接应对，从冰山图来看，假设老师看到学生上课睡觉的外显行为，自己内心怀抱着一些负面情绪，结果马上就要开始应对，而且这些应对方式大多是后天学得的惯性反应，正如萨提亚提到的最常见的四种应对方式。

第一种是“指责”。这也是大多数老师常采用的应对方式，因为老师相对于学生，权力大，位阶高，口气也就不会太客气，何况心里还有负面情绪，也许刻意压抑着怒气，手指着睡觉的同学，语气略带指责：“怎么睡着了？醒醒！”

第二种是“讨好”。少数老师会采用这样的方式，语气过度温和：“同学，不要再睡啦，醒一醒，快下课了，再忍耐一下。”

第三种是“超理智”。对着学生大谈道理，例如：“同学不要再睡了，一寸光阴一寸金，少壮不努力，老大徒伤悲。人的生命有限，上课不能睡觉……”

第四种则是“打岔”。老师完全忽视学生睡觉现实，根本不处理，当作没看到。我们从小到大遭遇过朋友发动的冷战，或我们主动对亲友发动冷战，都是“打岔”的一种。

这四种就是萨提亚认为人常见的四种求生存应对姿态，人们在什么样的位置、情境，就会依循着自己的习惯采取应对姿态。老师对学生或自己的小孩很可能经常出现指责、面对校长又可能出现讨好或超理智、面对家长可能出现超理智（背对家长又可能变成指责）、面对棘手的同事关系可能会选择打岔，随着不同的状况而出现各种不同的应对姿态。

但是萨提亚认为，最好的应对姿态是第五种——“一致性”。意思是，内在和外在保持一致性。

内外和谐一致，可能不容易懂；但是内外不一致，大家可能比较熟悉，我们看一个人声嘶力竭、面红耳赤地说：“你不要再讲了，我告诉你，我已经完全没有再生气了！”这是典型的内在与外在不一致。还有一种，我觉得应该也很常见，就是内外并不对等，好比说，父母对着小孩什么都讲了、都骂了，就是不告诉小孩，爸爸这样做、妈妈这样说，都是因为爸爸妈妈担心、害怕，还有爱小孩。

萨提亚认为人最好的应对方式是“一致性”，内在与外在和谐一致，用很平和、稳定的语调和声音，把内心的想法直接讲出来，不带着讨好、也不带着指责，没有超理智、也没有打岔。如果老师学会了这样的应对方式，和学生的沟通和对话就会进入很良性的状态。

（关于“一致性的应对姿态”可以上网观看李崇建老师演讲影片的声音和姿态以及对话示范，较容易知道何谓“一致性”。）

老师若能察觉自我“感受”之后，不急着马上采用应对姿态，才比较有可能进入冰山底下更深的“观点”“期待”“渴望”。如果老师连自己的情绪都没办法察觉的话，自己难以稳定下来，何谈能够察觉学生内在的感受？所以老师第一步要做的事情，并不是处理学生的问题，而是察觉自我的内在感受。

李崇建老师提醒大家，记得深呼吸、停顿，静静察觉内心情绪状态、接纳自己的情绪，然后开始转化情绪，稳定自己之后，转为欣赏自己，自己再给自己力量。其过程如下。

觉察：我“**感觉**”自己有一点儿生气、沮丧、挫折。（停顿十秒）

承认：我“**承认**”自己是生气、沮丧、挫折的。（停顿十秒）

允许：我“**允许**”而且“**接纳**”自己感到生气、沮丧、挫折。（停顿十秒，甚至更长时间。然后做五次深呼吸，感觉呼吸从鼻腔进，从鼻腔出）

转化、欣赏自己：告诉自己，即使我感到生气、沮丧、挫折，我依然面对学生的问题，我依然这样努力不放弃，我很“欣赏”这样勇敢的自己、这样认真的自己。

也就是说，老师在课堂上遇到任何问题，第一件事永远都是先处理自己的情绪，稳定好自己的情绪后，才能继续深入自己的内在，去察觉“感受”下面更深一层“观点”。

教师自身的观点、期待与渴望

为什么上课时学生睡着，老师会很快产生负面感受？原因通常要挖掘老师心中既定的“观点”，那就是学生上课就应该醒着，醒着代表上课认真，一旦学生睡着，就意味着学生不认真。学生睡着了，就违背了老师既有的“观点”，老师自然会产生负面的情绪。反过来说，如果老师的“观点”是：“学生上课爱听不听是学生自己的事，我管不着。”这样如果学生上课睡觉，这样的老师大概不会产生任何负面感受。

“观点”再往下一层就是“期待”。萨提亚将“期待”分成三类：对自己的期待、对他人的期待以及他人对自己的期待。移到老师和学生的关系时，就变成老师对自己有期待，老师对学生有期待，他人对老师有期待。“老师对自己的期待”就是，我备课这么认真、教学资历这么丰富、口才这么好、教出过那么多杰出学生，我期待我自己的良好表现能够让学生都炯炯有神地听讲。而“老师对学生的期待”就是，学生上课应该要全心全意投入、用专注的眼神来回馈给老师。还有“他人对我的期待”，如果校长、主任等一下走过去巡堂，他们看到有学生睡着，他们会怎样评论我？——于是一个学生睡着之后，老师的期待全部落空，自然就会产生负面的感受。（所以面对一个充满情绪或是抱怨连连的学生，通常他们释放的信息就是“内在期待落空”“期待没有被满足”，老师要做的事情就是核对出学生的期待。）

冰山图中的“期望”底下，还有“渴望”。萨提亚归纳出每个人都有内心最深的共同渴望：渴望被爱，渴望自己是可爱的，渴望自己被接纳、被认可，渴望自己是有意义、有价值的，渴望自己是自由的。但是课堂上学生一睡着，老师很快就感觉到学生并不接纳、认可老师，老师不被学生爱戴（老师会想：如果学生真心敬爱老师，是不可能会倒下去睡觉的），老师不觉得自己可爱了，老师突然觉得自己没有意义，也没有价值，而且老师是不自由的（老师被迫要处理学生睡着的问题）。学生上课一睡着，没想到会从最深的内在地方深深地伤害了老师。

演讲时，我经常举一个实例来示范，“观点”一旦改变，“感受”和“期待”都会跟着改变。

四年多前，我开始随时开放教室，当时我号称：“没有一节课不是高效益、高品质，而且没有一个学生会睡着。”一年过去了，风风火火，确实成功做到。但是一年之后，忽然有一天来了一百多位观课老师，整间教室的空缺处坐满观课老师，教室挤不下还挤到外面的走廊上。上课上到一半，结果有一个学生趴在桌上睡着了，我当时见状，怒火中烧！但是太多观课老师，我不能发作（这也是我认为开放教室的好处，老师不能情绪失控，也不能对学生进行言语暴力），只能压抑着怒火，走到这位学生的旁边，指责地问："为什么睡着了？"结果学生抬起病恹恹的脸，说："老师对不起，我痛经。"

我问之前看到学生睡着会有负面感受的老师，如果知道学生趴下去睡着是因为痛经，还会生气、难过、沮丧吗？所有的人都表示不会有负面情绪。为什么会变成这样？因为老师的"观点"改变了，"感受"和"期待"也跟着改变。

所以真正的问题出在哪里？出在老师困在自己的内在（困在自己的感受、观点和期待），困在自己的应对姿态（内外不一致，而且如果是单向讲述，还要被迫停止上课，压力也就更巨大），而忽略了学生的内在（学生也有自己的感受、观点和期待）。所以当老师要开始和学生对话的时候，第一件事就是稳定老师自己的内在（察觉、承认、转化自己的感受，核对自己的观点与期待），老师自己稳定之后，接下来就是逐一核对学生的内在（核对学生的行为、感受、观点、期待），用内外和谐一致的应对姿态，连接学生内心最深的渴望（爱、被爱、被接纳、被认可、有意义、有价值、自由），这样就能点燃学生内在最深的生命力，老师和学生都能在平和的学习状态中不断相互滋养着、相互成长着。

如何做到？我举一个实例来说明。

当学生在自学时，有学生趴下去睡着了（当然也可以换成其他情境：不自学、不思考、不讨论、聊天、发呆、做其他事、玩手机等）。“学思达”老师看到学生睡着了，第一件事就是走到这位学生旁边，蹲下身去，老师的眼睛与学生眼睛平行相视，让学生感受到老师和他的姿态是平等的，然后开始对话。

师：“怎么了？不舒服吗？老师看到你睡着了。”［作者案：核对“感受”（不舒服）、核对“行为”（睡着了）、表达关心（怎么了）。应对姿态：语气不指责、不讨好、不超理智、不打岔，平和且内外一致。］

生：“没有！”（作者案：学生否认行为。挑战是：老师可能会生气。老师要先敏锐察觉自己的情绪，让自己稳定下来。）

师：“这样子啊，觉得很累吗？”（作者案：再次核对感受。）

生：“不会。”（作者案：学生又否定自我感受。挑战是：老师可能会生气，而且不知该如何再问下去。）

师："昨天几点睡呢？"（作者案：重启问句，表达关心。如果时间换成下午，我会将问句换成"中午有午睡吗"。）

生："四点多。"（作者案：学生说出自己睡觉背后之主因了。为什么学生一开始不这么说呢？原因是学生也困在自己的"感受"当中，老师忽然叫醒他，他很紧张，也很焦虑，怕被责骂、怕被处罚，学生一旦困在自己的情绪当中，如果老师的内在不稳定，学生内在就会更混乱，不可能会稳定下来。）

师："怎么了？四点多才睡觉？"（作者案：核对学生"行为"和"观点"。）

生："赶英文报告作业。"（作者案：学生表达自己观点。）

师："你很认真，做报告做得这么晚。"[作者案：联结学生"渴望"（有意义、有价值）。]

生："没有认真，是最后一天才做。"[作者案：学生陈述事实，同时否定了"渴望"（有意义、有价值）。]

师："最后一天你还愿意熬夜做完，你真是很有责任感。"[作者案：继续联结学生"渴望"（有意义、有价值）。]

学生没有回答。

师："昨天四点多才睡，你应该没有睡饱，现在一定觉得很累吧？"（作者案：再次核对感受。）

生："有一点点累。"（作者案：学生开始觉察和承认自己的感受，老师和学生也开始有了内在的连接。）

师："你现在需要睡一下吗？"（作者案：核对学生的"期待"。）

生："老师可以吗？"（作者案：学生透露出"期待"。）

师："当然可以，因为你睡饱了，等一下才有体力继续上课，而且老师上课要讲的话、要问的问题都写在讲义上了，你睡饱之后，另外找时间再看，有问题可以请教同组同学，老师明天再问你这些问题，可以吗？"（作者案：再次核对学生的"期待"。而且这时候老师之所以可以允许学生睡觉，在于有"学思达"讲义，讲义的重要性这时候就会显现出来，有讲义，学生才能重复学习。）

生："谢谢老师。"（学生就趴下去睡觉了）。（作者案：有时候，同样的问句，我问学生需不需要再睡一下，学生刚刚明明已经睡着了，但还是这样说："没关系，老师我还可以再撑一下。"这样的对话，其实很迷人，因为言语之中，有许多师生之间内在的联结，学生可能不知道，但是老师有了萨提亚冰山图的概念之后，就能够清楚知道自己的对话用意和目的，也就更能知道对话在师生之间产生的联结和力量。）

所以一旦老师内在自己能够先安顿、平和、稳定下来，就有能力去关注学生的外在和内在，就像“图十八”这两座并列的冰山，老师会开始尝试着去核对学生的行为、感受、观点和期待，同时不断试图联结学生的“渴望”与“自我”。

这时最简单的问法就是，将主词从“我”改成“你”。例如可以常用以下几种问法：

开始联结：怎么了？你还好吗？（表达关心）

核对行为：老师看到你……（例如：你睡着了、你拿了别人的东西、你打了同学）

核对感受：你觉得难过吗？生气吗？后悔吗？痛苦吗？委屈吗……

核对观点：这件事，你有什么看法？（你的意思是……）

核对期待：怎么办？你觉得接下来要怎样才好？你希望得到老师什么帮忙？如何帮忙？

联结渴望：你是一个很善良的小孩、很勇敢的小孩、很诚实的小孩、很体贴的小孩……（即使小孩犯错，他依然有优点和资源，老师要去开发出学生的优点和资源，让学生自己产生更多的力量，支持着自己。）

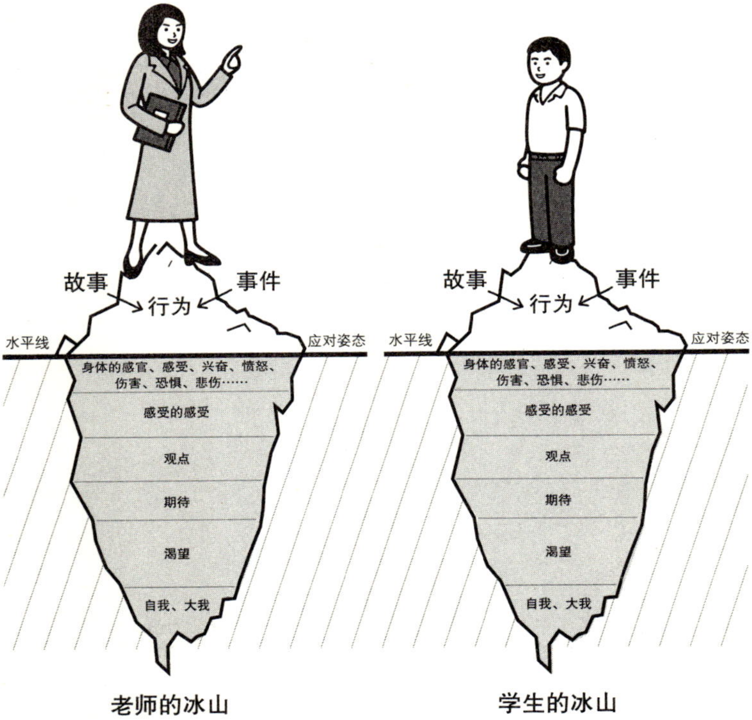

图十八：课堂中的萨提亚沟通模式

“学思达”教学的课堂，每一堂课都有频繁的师生问答与应对。假使老师没有意识到自己的内在状况、采取一致性的应对方式，很可能就会在有意无意之间带给学生言语上、姿态上、内心深处的伤害，这些伤害有时很轻微，有时候也很可能非常深刻、残留非常久。但是，如果老师懂得稳定自己的内在、表现出良好的应对方式，就有可能和学生建立深刻的联结，给予学生最深、最大、最温暖的力量，从而联结到他深藏在内心深处的生命力（萨提亚的冰山图内心最深的一层就是“自我”——生命力、精神）。

开展『学思达』联结网

开展『学思达』联结网

16

扩散

跨校、跨科、跨地域的“学思达”联结网

2017 年 8 月，我受 OPI 国际大会之邀，在淡江大学和东京大学与佐藤学教授各进行一小时主题演讲与对谈。这是第一次“学思达”（张辉诚）与学习共同体（佐藤学）的公开对谈。

会议结束之后，当时我的感想是，佐藤学先生从宏观、整体、哲学的角度切入教育现场，但是我作为一个学校当中的个体老师，则是从微观的、个体的、实务的角度切入。佐藤先生特别关注教育理念如何由上而下进行实施，从全校实施同时联结社区资源，佐藤先生说：学习共同体在日本推动的主力方式是校长，支援者则是区公所，而真正推动改变的背后力量是佐藤学以及他的团队；但是我关注的则是，如何帮助一个缺乏学校或任何资源支撑的教师个体成

功改变，然后汇集串联，散发力量，去影响更多老师，逐渐形成一个成长群体。

对谈时，我问佐藤先生："学习共同体究竟是理念，还是一种教学方法？"因为在台湾地区已经言人人殊（例如淡江大学潘慧玲老师把台湾地区各种创新教学都归入学习共同体，我特别澄清，"学思达"不是学习共同体，我也在演讲时当着佐藤先生的面特别指出，我完全不认同台湾地区学习共同体老师观议课的方式，也不认同学习主力是共学，也不太认同学习共同体的复制模式，例如由上而下）。佐藤先生回答，学习共同体在古希腊就有了。他又融合几个重要教育理论和概念，集大成而形成学习共同体。佐藤先生在会议中原文提到：

"学习共同体"是我在约莫三十年前所提出的学校改革及教学改革的愿景、哲学、活动系统。起源有三个：其一以 19 世纪末的杜威实验学校为其起点，1910 年起在世界各国开花结果的新教育（进步主义教育、革新教育）的研究与实践的传统；其二为包含社会民主主义的人文学，及社会科学的教育学研究；其三为综合前述之学校改革及实践教学改革的集大成。

他认为教育改革由下而上很难，由上而下比较有可能。我回答说，台湾地区由上而下的教育改革已经二十年了，课堂教学变化并不太大，学习崩坏的现象（佐藤学之语）并没有改变多少，我深信罗宾森（Ken Robinson）在《让天赋自由》（*The Element: How Finding Your Passion Changes Everything*）一书中的话，每一个人都可以在自己的位置付出努力，让教育愈来愈好，而且台湾地区这一波新的教育改革正是由下而上产生，然后再慢慢影响教育主管部门的决策。

虽然我和佐藤先生的做法并不相同，但我还是很尊重他，因为像他一样还愿意这样长期关注课堂教学的学者，可谓少之又少，很感人，也很让人尊敬。

下面摘录一位认识佐藤先生和我的一位大陆校长的观察，我觉得很准确。

广东省深圳市桃源居中澳实验学校（原深圳清华实验学校）的刘凯校长说：

佐藤学教授和张辉诚老师都值得尊敬！如果你用对一个优秀的教授和学者的标准衡量佐藤学，他真的很令人钦佩，一千多所学校，数千节课，这个世界上还真没几个大学教授和学者能做到！辉诚老师更难能可贵，十几年如一日，为了让学生真正成为课堂的主动学习者，他探索总结，开放分享，由一个人逐渐影响和感染一群又一群怀有相通理想和抱负的教育人，凝聚力量不断前行。

佐藤教授基本上靠“说”，靠理论性的述说；而辉诚老师和其战友们，则不仅要思考，更要靠用行动与坚持，才能打开一间又一间教室，也因此凝聚了越来越多的同路人。当“学思达”已经在用互联网精神和方式传播并迅速发展，佐藤学教授还是只带着他的一个秘书助理满世界奔波。行动的示范效应和感染力，令理性的述说永远望尘莫及！“学思达”直接作用于心，唤起情感共鸣和行动；学习的革命则作用于脑，让人思考和冷静。佐藤学不是行动派，不会真切体会一线实践者的诸多无奈和困窘，这也是可以理解的。

就是这种互联网的网络精神，慢慢就会出现“学思达”第二个专有名词：“‘学思达’联结网”（也可简称为“‘学思达’联结”或“‘学思达’网”）。

这是“学思达”很迷人的特征，一旦开始“学思达”，慢慢走向成熟之路，过程可以不需要任何额外的资源，只要出现一个老师、主任或校长，就能开始产生强大的联结能力，联结学生，联结其他老师、主任、校长，联结家长，联结校内、校外各种老师或资源，甚至联结教育圈外的其他专业（如商业圈、文化圈），联结跨县市、跨省，甚至是跨国。

下面且让我举三个例子说明这种个体老师的“学思达”联结能力，并且说明为何一个老师就能成为教育改革的发动机——“学思达”之迷人，就在于可以帮助老师点燃内在的发动机，成为教育改革的先锋，而且这些先锋是一个接一个不断出现。

之一：台湾中山医学大学牙医系余权航教授

余权航教授接触“学思达”的过程很奇妙，一开始只是为了精进自己的 PPT 制作技巧，看了叶丙成教授在台大网络上的简报课影片，看完后，收获良多，于是去书店想买叶教授的书。没想到叶教授的书有单卖，也有搭配《学思达》两本一套卖（两本买比较便宜），他便买了套书。看完叶丙成《为未来而教》之后，收获很多，于是再看套书的另一本《学思达》，深受震撼，《学思达》几乎说中了他教学的全部困境与难点，但同时也指出了一条全新的教学改变之路。

然后他就亲自到中山女高观课两次，也去参加过我在台北市永吉小学所主持的“学思达”工作坊，后来又特地到彰化师范大学参加我主持的一整天“‘学思达’进阶工作坊”。他为人非常低调，从未和我打过招呼，他只是默默地参加，默默地实践，然后就开始在自己的教室中，用“学思达”来教导牙医系学生（甚至还寄他的讲义到中山女高让我提供意见）。不仅如此，他还写了一篇文章向台湾牙医学界郑重推荐、介绍“学思达”，名为《“学思达”教学法于口腔胚胎与组织学之运用》（收录于《台湾牙医界》，2016年35卷十一期）。此外，余教授也在中山医学院教师研习演讲中分享“学思达”，现在又要组成一个“‘学思达’牙医学教育”群！

2017年11月，余教授受邀到阳明大学为老师们演讲，分享“学思达”。

他特别提到，台湾医学院系的大学老师在教学、研究、看诊都需要同时进行的压力下，非常辛苦！再加上他自己还有三个小孩，更是蜡烛两头烧。但他知道“学思达”最重要的是讲义，在不想牺牲和小孩相处时间的前提下，教学和行政工作都很忙碌，于是他决定牺牲“两个门诊看诊时间”，拿来制作“学思达”讲义。他说，这意味着收入会减少，而且“学思达”讲义也不能让他再升职，不会给他带来任何好处，但他为什么要这样做呢？因为他觉得教书是一种志业，他想要和韩愈一样做到“传道、授业、解惑”。

我听到余教授这样讲的时候，真的非常感动，因为他本身也从事创新公益看诊服务，用公益之心与牙医专业帮助深山行动不便的患者照顾口腔健康，这非常感人。“学思达”能感动余教授，真是太荣幸了！同时我们也被余教授的所作所为深深打动，这就是我常说的，“学思达”用感动传递感动啊！

当初获得余权航教授的认同、实践与开创，我就有一种感觉，“学思达”差不多要进入师生素质几乎都是最顶尖的医学教育领域，现在终于一步步走到边缘，准备进入其中了。当然，余权航教授的“学思达”分享就会显得越来越重要了。我相信，余教授会用他惊人的能量，再去感动更多人、联结更多人。

之二：美国加州硅谷华文学校陈丽芬老师

2017 年 11 月 7 日，有一位来自美国加州硅谷华文学校的陈丽芬老师来观课。

她说她是特别来当面感谢我的，我问：“为什么？”

她娓娓道来她在美国华人学中文的故事。那里的学生不仅大多对学习没兴趣，学习动力差、经常缺课不说，就算来上课也是经常露出无奈的表情，她教得很辛苦，学生学得也很辛苦。

后来丽芬老师自己上 YouTube 研究，忽然就看到我在“TED×Taipei”的演讲影片，看完后很激动，于是又再搜索了“张辉诚”在网站上的所有演讲影片，把每一部我演讲的影片都看完，尤其是我教导老师们如何使用《青春第二课》教阅读与写作（这系列超过十小时），她还在网络上找到搭配我当场演讲制作的"'学思达'讲义"，边看演讲边看讲义，因而深受启发，现在她的十年级学生的"阅读与写作课"，就全部改成用王溢嘉先生的《青春第二课》来当教材，同时用我教的"学思达"和写作方法来教学生。

结果，效果之好连她自己都觉得不可思议，学生竟然越来越喜欢上课，出勤率几乎都是百分之百，而且学生的阅读和写作能力也越来越好。之前丽芬老师曾经私信问了我一些关于师生对话的要领，我推荐她去看李崇建老师的书，用萨提亚的方式进行上课的师生对话，结果师生的感情也变得愈来愈好。

丽芬老师一路做讲义，做了两年，现在渐入佳境，上课的情况就像我演讲时所说的，学生会安静自学、小声讨论、上台发言，真的很迷人，她也开始觉得教学好有成就感。后来她还将"学思达"分享给同校的另外两位老师，他们两位也开始运用"学思达"来教《孙子兵法》和成语。

于是她又在北加州将"学思达"分享给附近的华语学校，有二十几位老师前来听讲，未来她希望可以让更多人知道"学思达"。

上回丽芬老师因为临时家中有要事而回台湾，居然特地来中山女高，当面向我致谢。见面时，我其实很激动，陈丽芬老师就是因为典型接触"学思达"而剧烈转变的老师，先是看影片而产生共鸣，开始亲身进行实验，看到明显变化，然后又不断精进（她编了两年的“学思达”讲义，而且还将其上传“学思达”平台，分享给更多美国的华语老师），然后现在又可以将其分享给更多人！

很多“学思达”老师的改变都是类似这个模式。一个个体老师改变了，就能开始感动、联结更多人。

谢谢丽芬老师千里迢迢来，只为了道声感谢，谢谢她带给“学思达”更多的感动，同时也注入更多能量，我们在太平洋两岸一起努力，用“学思达”改变填鸭式教育，帮助更多老师和学生！

从底下附录 facebook 上丽芬老师和一位家长的公开留言，我们也可以看到“学思达”的强大联结能力，“学思达”可以让更多人联结起来，让教育越来越好，亲师生三赢。

※ 陈丽芬老师的分享

两年前无意中发现辉诚老师的“学思达”，觉得它可以用在我的课堂上加强阅读和写作。一开始不知道怎么做，可是又不想等东风，于是就一边做一边改。遇到瓶颈就私信辉诚老师，例如学生程度差异很大，老师就建议我编程度不同的讲义。后来我还训练学生自己出题来考同学，他们很认真地出题目，我只要负责找到跟他们有关的教材。学生上课有趣，老师上课也变得很轻松。

※ **家长 Saneey Chiu 的分享**

谢谢辉诚老师，我儿子就读矽谷另一所中文学校，今年全校四年级以上，全面改用“学思达”教法。我真的感受到孩子的中文进步，他们热情被点燃。感谢你！

前几周家长需要协助与帮忙，但是到了目前上课进入第八至九周，四年级孩子已能自己先回家预习，课堂上开心地参与课堂讨论与活动，中文课变得更好玩了！

之三：马来西亚威北农民小学林昕倪老师

林昕倪老师曾在“‘学思达’教学群”分享了她用“学思达”公开教室及公开授课的记录与过程，甚至有观课老师希望昕倪老师能为他们举办“学思达”工作坊。

我对昕倪老师很好奇，因为我并不认识她，询问马来西亚华语小学（马来西亚的华语小学是公立，人数众多）另一个重要“学思达”推手许诗洁老师，诗洁老师跟我说，昕倪老师曾在 2016 年到她的学校“瓜拉古楼育才小学”参加过我主持的两天“学思达”工作坊，之后就开始了“学思达”历程。

工作坊之后，她又自费参加李崇建老师的工作坊，所以她接触“学思达”后，再加上阿建老师的萨提亚冰山模式，配合情绪卡的运用，找到了适合自己和学生的方法。她也和几位同事到过许诗洁老师的育才小学观课，议课时，诗洁老师请她分享她的教学法。之后，诗洁老师又再联系她，希望她允许她们去观课。她的第一次开放课室就献给了育才小学的老师。

北部马来西亚的老师比南部马来西亚的老师缺少机会和资源，那时候她有些顾虑，因为她在微型学校，每个年级只有一班，每班的学生数量只有十几位。诗洁告诉她，只要她愿意开放课室，有了第一次，就会陆续有人来。

在接触“学思达”之前，昕倪老师本身是儿童文学的推广老师，为了学生，她自费四千至五千马币买了很多很多儿童文学读物，让这一班学生借阅，她的方法源自鼓励学生阅读。

诗洁老师在她的课堂中，看着学生们上课的状况，真的很感动，尤其是学生们的观察力非常细腻，诗洁老师听着学生们分享小组讨论的成果，加上昕倪老师的提问，更多的是感动。

2018 年，诗洁老师会再邀请她到育才小学分享，也和她说好要一起翻转北马（马来西亚北部），因为“学思达”另一个大推手蓝志东老师在南马（马来西亚南部）。

我相信，昕倪老师慢慢地也会开始有信心，分享给更多人关于“学思达”的教学观念、技术和更多能力，让更多人一起成长，最后她也会变成一个强大的发电机。

以上仅摘录三位 2017 年“学思达”新秀教师的分享，像这样从老师自身的改变，促发学生学习上的转变的“学思达”老师令人感动的案例还有很多很多。一旦点燃了个体老师的内在热情、能力与能量，他就能点燃学生的热情、能力与能量，这种热情、能力与能量当然就可以再不断传递出去，让感动传递感动，能量汇聚出更多能量，而且联结同校、跨校、跨县市、跨学科，甚至是跨地区、跨国家的老师，形成一座范围越来越大的“‘学思达’联结网”。

17

外展

“学思达”如何推广

我在乡下读初中一年级时（1986 年），公民老师不知何故必须举办一场公开课，会有校外老师进班上观课。公民老师为此十分紧张，如临大敌，前前后后大约彩排了一个月，连老师上课提问、哪些同学负责举手都已经安排好了，当然，回答内容也都经过老师精心调整与修订。我也被刻意安排演出一场短剧，内容是：一位挑夫买彩券，没想到中了头奖，很兴奋又怕彩券丢失，于是刻意藏进每日挑运货物的扁担隙缝中。这一天终于要去领奖，路过江边，挑夫心想，从此之后再也不需要这样辛苦挑运东西了，一时心血来潮，竟将扁担投入江心。到了兑换站，这才发现彩券藏在扁担之中，懊恼不已。

我扮演的角色正是那位挑夫，那天应该演得还不错，上课也上得精彩，观课老师似乎也很满意，该笑的时候都跟着一起笑，可以说是宾主尽欢。但公开课结束后，我们又回到常态，教室照样封闭，老师照样“填鸭”，上课不再有问答，也没有戏可以演了，平淡无奇。

这件事，放在我心里好久好久，我现在几乎忘光了初中公民老师三年上课教了些什么，但我清楚记得当天演戏的每一个细节（这就是我常说的，动手做的教学成效高达 75%）。这件事也让我见识到公开课不能说的秘密，那只是表演，不是真正的教学现场、真正的教学常态。

让我们回到一个核心问题：为什么老师会将教室封闭起来？

我的观察是，台湾地区课堂教学缺少“开放教室”的风气，因此这让封闭教室的习惯变成一种超稳定的常态。若谈到开放，顶多走向一次或数次性的“示范公开课”（无论是被强迫或志愿），示范公开课当然不会全都是作秀或造假，一定也有货真价实的教学。但问题来了，一次性的开放教室真的很难说服人、使人信服。如果这堂公开示范课如此精彩，那么可以复制到每一堂课吗（是否可长期持续）？每一堂课都还能这么精彩吗？这些提问，都是一次或数次示范公开课示范老师必须面对的挑战与质疑。

老师迫切需要哪些东西？

我认为，老师最需要的是看到“真实的课堂教学”，什么叫作真实的课堂教学，就是每一分每一秒，随时开放教室让大家观看。虽然各地都有公开授课，但是公开授课无论教得多好，观课者心里还是觉得有作假成分，大家根本不知道公开授课的老师到底为了这堂课准备了多久、练习了多久、彩排了多少次！还有每一节课真的都是这样授课吗？随时开放教室的现场，才能真正感动甚至震撼老师。

而且不仅是真实课堂教学，还必须是成功的课堂教学，并且还能有效复制，不然只有授课的老师才能做到，那也没用，就只是一个明星老师作秀而已。

老师还需要一个“后援支持系统”。这个后援支持系统，必须包括“教学技术和方法”的分享，“学科专业知识与素养”的分享，尤其是“教学技术的分享”，这样才能让老师有不同于填鸭式教育方式的选择，一旦有了新的教学技术和方法，老师才可能有机会跨入各学科，进到不同学科专业知识去应用。

老师也需要“相同处境的教学分享”。例如随时开放教室之后，很多观课老师都会问同一问题：“因为你在名校，你的学生很优秀，才能做到吧？”所以“学思达”必须让各种程度的学校和学生都能成功，都会名校的老师去为都会名校老师分享，偏乡学校的老师去为偏乡学校的老师分享，小学老师对小学老师、初中老师对初中老师、高中老师对高中老师、大学老师对大学老师，不同学科老师对不同学科老师，因为拥有相同处境、相同背景、相同基础、相近的学生素养，所以就更有说服力。

还有，老师也需要“团队感”。有了团队，才容易出现向心力，出现团体动力，进而相互砥砺、相互激荡，产生更多的创意与活力。

老师也需要“共同教学对话的语言”。老师之间，什么都可以聊，就是很难进行教学对话，原因在于大多家都采用单向式讲述，单向式讲述就只能靠口才和学养，这两者都很难讨论。同一学科尚且难以对话，不同学科间的教学对话自然更是难上加难。于是打造出“老师之间可以对话的语言”就变得非常重要。

知道老师迫切需要什么之后，“学思达”就必须逐一来帮助老师。“学思达”希望“以老师为中心”，可以满足老师教学上的迫切需要，因此一开始我便拟定了几个重要的推广策略。

1. 随时开放教室

如果我的教室每天打开，就能让老师们看到最真实的课堂教学，而且每天有不同的老师来观课，我就能每天对不同的老师进行面对面、个别式的研习。

所以 2013 年 9 月 9 日，我做了台湾地区教育史上没有人做过的事情，我把我的课表放在网络上，随时开放教室，欢迎任何一位老师来观课。但是事实很残酷，开放教室一个月都没人来观课，终于出现第一位老师时，我非常非常振奋！我抓着他，一直跟他讲解“学思达”，这个人就是“学思达”开始扩散的第一人。

开放教室是这样，有时候可能没人，有时候一两个老师，有时候又挤满整间教室。学生自学时，我就会走到教室后面，对着来观课的老师小声讲解（怕影响学生自学），每次大概只能对着四到五个人讲解，若是有三十个老师观课，我就要重复讲上六遍同样内容。每天我就是这样重复讲，一讲再讲，讲了四年多。所以很多人问我说“学思达”到底是怎么样推广出来的，这恐怕就是最扎实的基本功，日复一日做同样的事情（还有我几乎每天写“学思达”大会报告，四年多写了几百万字）。为什么我可以做到？因为我每天都有很强大的热情，特别是我知道老师们是专程从各地千里迢迢来观课，我的热情就一直被他们的热情鼓荡着。

四年多来，超过全世界六千个老师来到我的教室观课，这个数字代表着，我曾经对这六千位老师逐一介绍“学思达”，日复一日、年复一年，讲了上千次。

这样的介绍，几乎成了我教学时负担最重的工作，因为我要一个一个、一群一群人跟他们解释，学生正在做什么、什么是“学思达”、为什么要“学思达”。一开始完全从零开始，每天重复讲、一讲再讲，有一段时间我经常讲到喉咙都沙哑，“学思达”上课老师喉咙是不会沙哑的，但是我为了要解释“学思达”给来观课的老师，时不时就喉咙沙哑。

而且“学思达”的随时开放教室，忽然就做出了“最高标准”，不管你做什么创新教学，请和“学思达”一样，随时开放教室，让大家检验。不管教学创新是不是“学思达”，只要能开放教室，而且能够感动人，让大家可以看到最真实的课堂，对台湾地区的教育就会有很大助益，形成良性开放教室的风气。

2. 主动出击

开放教室，一开始并不一定会有人来观课，所以当时我就决定“主动出击”。我告诉我自己，要推广一个新理念，守株待兔是不够的，我必须化被动为主动，主动出击。所以，刚开放教室的头一年，我告诉大家，只要在台北，有人邀请我去演讲，我就会去讲，有没有演讲费都无所谓，其他地方也是如此，只要提供给我交通费即可，我就这样讲了一年，没收演讲费。而且我告诉我自己，即使我没有任何资源，我照样能够推动“学思达”，因为我不需要任何经费，这样我就能立于不败之地，没有经费我照样可以推动！

所以一开始免费演讲，免费办工作坊，是我认为很重要的策略，先主动出击去介绍“学思达”。

3. 掌握自己的宣传与串联的工具

当“学思达”渐渐引起关注，接下来就是我认为最重要的关键：“我必须掌握自己的宣传与串联的工具”。

我很快发现 facebook 有强大的串联功能。所以一开始我的串联工具就是 facebook，从我自己的 facebook 开始，同时又依附“均一教育平台”的社群，后来又和郭进成老师合创“‘学思达’教学群”，从我的 facebook，到我们两人创立的“‘学思达’教学群”，目前社群已经超过四万位老师，从一两个人到四万人，共花了四年时间。[同时社群又再细分出去，目前大约有十几个“学思达”分支社群，分别与各自专业学科有关（如地理科、美术科等），各个地区、各个国家也都会另行组成一个“学思达”教学群。]

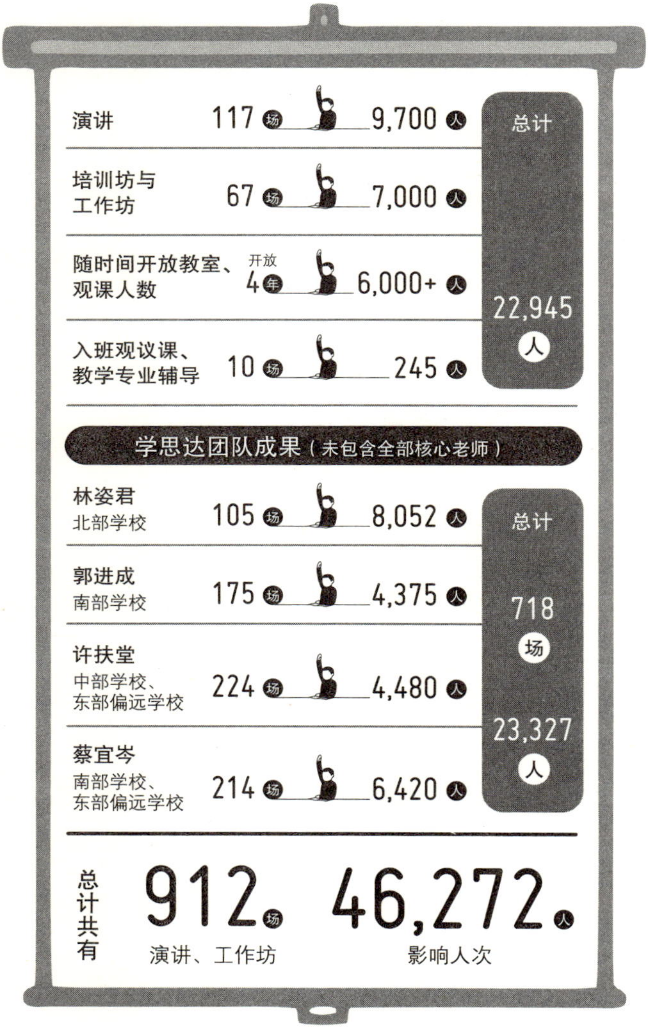

图十九：一步一脚印的“学思达”演讲与工作坊

（统计自 2013 年至 2017 年 7 月）

当“学思达”拥有自己的串联工具，串联起愈来愈多人之后，我们就同时拥有了自己的宣传工具。这也是为什么我可以不接受台湾地区任何电视台、报纸、杂志的采访和报导，因为“学思达”不需要那样的宣传渠道，我们要改变的是台湾地区的填鸭式教育，目标客群很单纯且集中，就是台湾地区的一线教师，一旦我们有了自己的四万多人教师社群，就可以更有效率地传达我们的信息。另外一层原因就是，“学思达”并不是将所有掌声和光芒集中在一位或某几位特定的老师身上，而是这些成熟的“学思达”老师将自己全部会的东西都分享出来，将自己变成阶梯，让后来的老师站在“学思达”老师的阶梯上，一个胜过一个、一代胜过一代——这才是“学思达”的核心精神。

4. 建立教学支援系统，打造共同教学语言

随时开放教室、掌握串联与宣传工具之后，教学技术和方法的分享与共享就显得迫切重要，于是我们又建立了一个“‘学思达’讲义分享平台”。

“学思达”教学的关键之一，就是“学思达”讲义。“学思达”讲义制作又相对辛苦，怎么办？只要老师可以将做好的分享出来，其他老师就可以共享，其自然而然就会变成无私分享的系统。但是

讲义要放在什么地方才好呢？这时候就迫切需要一个讲义分享平台，我把这个需求告诉方新舟董事长，他请诚致教育基金会的工程师帮我们做出来的一个平台，帮了“学思达”老师们极大的忙，教师集体智慧的交流与累积也就能够不断发生。

而且“学思达”打造出一套“教学共同语言”，这些共同的语言，只要“学思达”老师凑在一起，就会大聊特聊，聊起“学思达”各种操作细节、方法、流程与机制，甚至各式创发，以及“学思达”的价值观、重视哪些东西，老师相互去观课，马上就知道要观看什么重点。同时“学思达”老师知道“师生对话”的重要性，又把辅导心理学的萨提亚理论拉进来；知道“设计问题”“设计课程”很重要，又带入ORID、布洛姆；知道“科技”重要，又带入翻转教室，各式各样的专业教学术语、教学新著，开始在“学思达”老师之间开始进行传递、阅读与讨论，而不是我看了你的教学，只能惊叹教得真好，但是不知道如何讨论，“学思达”打造出一套教师可以进行教学对话的语言。

5. 结合各方资源

虽然“学思达”一开始就是没有任何资源，可以立于不败之地，而且一开始我也很坚持用苦行僧的精神来推广，但到后来要开始扩大影响力的时候，这样的做法就渐渐让“学思达”遇到瓶颈。

遭遇瓶颈时，最先主动对“学思达”伸出援手的是一位民间企业家——方庆荣董事长，三年前他和助理自行来到中山女高观课，观课后，他在教室外走廊对我说：“张老师，我看了你的教学很感动，你一定要坚持下去，我以一个企业家的角度来向你保证，你这样的教学方式对下一代才是有利的。今天我会成功，就是我以前念初中时，有两个老师用类似你的方法来教我，而且还没有你教得好，希望你可以坚持下去。你需不需钱的帮忙，如果需要，我可以帮你。”我当时很坚定地回答：“董事长，我一毛钱都不需要，我一个人就可以改变台湾的填鸭式教育。”

那个当下，我突然想起，第一个主动希望可以和“学思达”合办工作坊的高雄市教师会没有经费，当时他们想在高雄举办一场两天的“学思达”工作坊，我旋即对方董说：“董事长，高雄市教师会缺经费，您可以帮助他们。”没想到方董事长马上就捐了三十万（或者五十万）给他们，让他们得以顺利举办全台第一场两天的“学思达”工作坊。

这件事又过了一年，某一天来了一位“政治大学”退休的企管系教授，观课后，他希望可以和我聊一下，我们在司令台后的花园椅子上聊了一个多小时，他从专业角度跟我分析：“张老师，从企管的角度来看，你一个人推广‘学思达’就只能做到这样，这已经是极限，很了不起了，你必须转型，否则你就会过劳，而且徒劳无功。”我当时很震惊：“哇！老师你怎么会知道我已经过劳了！”他说：“开玩笑，我的专业是企管！张老师，你要开始转型了！”

我当时做了决定就是，不能再单打独斗，必须结合各种资源。

没想到方庆荣董事长一年后又再度找我吃饭，他说：“张老师，我观察你一年了，你没有问题，但是你需要帮助了。”我说：“谢谢董事长，我现在真的需要帮助。”于是他汇了一笔不少的经费，汇进诚致教育基金会（基金会方新舟董事长也是长期扶植“学思达”），作为“学思达”推广基金，而且经费使用透明又公开，然后公益平台基金会严长寿董事长也开始帮助“学思达”，聘了一位助理朱敏慈小姐，专责帮忙处理“学思达”的各种行政事宜，有了敏慈的加入，“学思达”的发展更加快速。（公益平台基金会的义工又帮忙制作了“‘学思达’官网”，将“学思达”所有资源整合在一起。）

接着，“学思达”又开始主动且积极和台湾地区各种组织，包括教师会、校长、企业家、官方资源、其他教师群联结（“学思达”也主动和全台最大的教师群“温老师备课 Party”合办“温式效应”大型工作坊，全台前两大教师教学社群合作，意味着台湾第一线老师的自主性能量终于出现。这种能量为什么很重要？因为我一直认为，只有第一线的老师才能够真正解决第一线老师的问题），“学思达”从一开始我一个人单打独斗，到渐渐有了一个团队，结合各方资源，形成越来越大的力量。

6. 创新扩散理论下的目标群标定

“创新扩散理论”告诉我，任何创新者只有 2.5%，早期接受者只有 13.5%。因此如果我要扩大影响力，最简单的方法就是做到两个重点：一是想办法召唤出这 16%的老师；二是扩大母数，这 16%的数量就能变得更多。

例如有些老师会问我：“张老师，你做‘学思达’，那你的学校会有多少人做‘学思达’？”我回答：“我的学校有多少老师做‘学思达’？大概十来个。但是我觉得已经很不错了，因为我们学校老师有两百位左右，依照创新扩散理论，创新者只有 2%，也就是四位老师左右，若早期采用的是 13.5%，那就是有 27 位老师左右，至少我达到一半的目标了。”

但如果我的目标群从我的学校 200 位老师，换成全台 16 万老师，那么人数就会激增，创新者是 2%，就变成 3200 位老师左右；早期采用是 13.5%，那就会有 21600 位老师左右。所以我对自己设下的目标就是，用 10 年时间去影响全台湾 10%的老师，也就是

16000 名老师了，16000 对我来讲，我花 10 年只要能够做到这个数字，我就觉得成功了——这是我目前的目标，可能也是我的能力极限，我认为可以做到，至于后面的 90%，我还有很多年可以慢慢思考，如何从达到 10%，再往前推进一步，进展到 20%，甚至 30%。

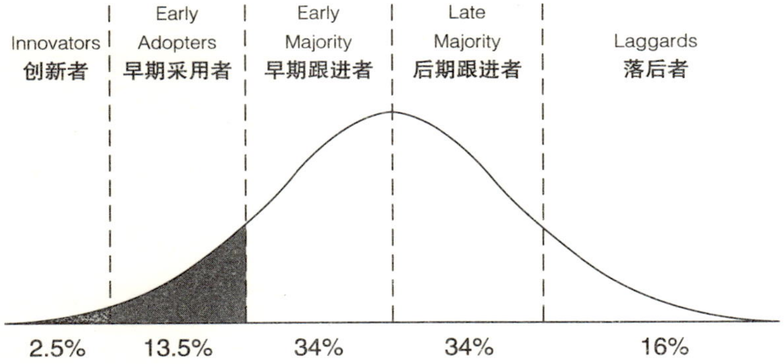

图二十：创新扩散理论下的目标群标定

7. 出口转内销

在教育领域，不知何故，台湾地区的教育圈很迷信外来的教育成果，像跑马灯一般的教育风潮引入台湾地区，一波未平一波又起，前仆后继，我自己很清楚这些所谓外来教育成果想要改变台湾地区的填鸭式教育问题，成效几乎是微乎其微的。不是说这些外来的教育成果不好，而是橘逾淮而成枳，外来的教育成果有太多是不同的背景资源支持着，单一个体到台湾地区之后很快就会发现适应不良、半途夭折。

但我也从中看到一个有趣之处，既然台湾地区的教育圈迷信外来教育成果，那么我推广“学思达”就刻意让它先在海外成功，我可以让“学思达”“出口转内销”。

巧合的是“学思达”刚开放教室不久，就有新加坡南华中学的校长、主任和老师来观课，观课之后，他们就马上邀请我到新加坡演讲，我那时敏锐察觉到，新加坡的 PISA 成绩评比都在台湾地区前面，如果让“学思达”先在新加坡成功，那对台湾地区的老师来说，说服力又强大了！所以我马上接受邀请，到新加坡演讲，前前后后共十次，举办过工作坊、培训过老师，担任过驻校顾问，一起和老师们观课、议课、共备、指导，最后他们也做到了随时开放教室、可以自行举办“学思达”公开授课、工作坊。现在，我可以不用再去新加坡了，因为他们已经可以自己培养出“学思达”老师。换句话说，我只要做一个模式出来，“学思达”就可以自动运转，我就可以离开它；现在我也在香港做这件事情，“学思达”只要打造出一个自转模式，它就会在这个模式里面不断运转。

新加坡成功之后，马来西亚也跟着成功，我就有更多底气让“学思达”“出口转内销”，于是我将“学思达”又转回台湾地区，开始不断扩散与深耕。

8.“学思达”的深化与多元扩散

“学思达”一开始最困难的挑战，就是体制内的老师必须面对统一教材、统一进度，以及统一成绩的考验。“学思达”若是没有办法克服这几个一开始的难题，就撼动不了体制内真正的关键问题和僵化结构。

“学思达”成功克服上述的困难之后，接下来的困难又会变成如何让“学思达”不断深化，于是“学思达”老师又开始结合萨提亚、结合翻转教室（这也是为什么“学思达”跟台湾地区均一教育平台有合作，和大陆洋葱数学也有合作的主因）、结合各式各样的教学创新与创意。而且一旦“学思达”成功之后，老师们就又可做出多元且截然不同的创新教学，而且会远远超出我的能力范围之外，我觉得这个“后出转精”的现象非常迷人。

在我看来，“学思达”不是什么了不起的东西，而是“学思达”在固若金汤的“填鸭”城堡当中，凿破一个洞、搭出一道桥梁，让体制内的老师有机会从传统的、封闭的、填鸭的、单向的教学模式，通过这座桥梁之后，就可以改变教学，然后走向一个全新的教学新天地。

接下来我还要让“学思达”不断往各种新领域扩散，“学思达”现在已经从幼儿园的小小班到小、中、大班都能成功运用，而且小学、初中、高中，甚至大学，以及各学科都可以运用。例如在2017年12月“‘学思达’第二届亚洲年会”，有两个特别的新秀来分享，一位是台湾中山医学大学牙医系余权航教授，余教授不但从头学习“学思达”、实践“学思达”、制作“学思达”讲义，甚至更开始在牙医教育圈当中分享“学思达”，将“学思达”带入师生素质几乎都是最顶尖的医学教育领域。

另外一位是65岁的邱桂珍阿嬷，在小学当故事义工。她在网络上看了我分享的“学思达”演讲影片之后，马上改用“学思达”方式讲故事，得到小学生很好的反应与回馈，促使她主动随时开放教室给大家看。

除此之外，“学思达”也受邀到商业公司，训练它们的内部企业员工。也就是说，我认为只要有教学存在的地方，就有“学思达”生根发芽的机会，而我要做的，就是不断开拓“学思达”进到更多不同的领域，尝试更多的可能性。

9.“学思达”专班

目前进行“学思达”教学的老师，大多分散在各地、各校、各科、各班。但我相信，“学思达”老师会愈来愈多，多到总有一天会出现在同一所学校，人数超过一个班的任课教师量，然后大家有志一同，就一起开出“‘学思达’教学班”。

我任教的中山女高，目前已经有十来位老师或多或少采用“学思达”方式上课。其中，年轻的数学科老师李昌泽最早来观课，之后马上回到课堂实验，上学期末他邀请我去观课，看完，我觉得很棒。我马上想到，可以成立“学思达”教学班了。我向吴丽卿校长报告，校长很同意也非常支持“学思达”教学班的想法，旋即进入落实成形阶段。先是在新生说明会，我对所有新生和家长们公开说明成班原因与征选方式，录取三十八位学生，采取自由报名形式，人数超过，则采取抽签形式决定。自由报名，是通过认同“学思达”教学理念的家长和学生自愿报名参加，日后就能避免因不了解或误解而引发的反弹状况，造成师生无谓对抗或冲突；抽签决定，则是让“学思达”教学班，有别于资优教育，因为没有经过特殊筛选，只要认同，就有机会加入。

正式公告征选办法之后至截止日，有 75 位同学报名加入“学思达”教学班。

“学思达”教学班，具有什么特殊意义？

第一，这是第一次，学生和家长终于有机会可以自由选择，选择有别于传统单向式讲述之外的不同教育方式，而且是在体制内，不是体制外。

第二，“学思达”教学班让创新教学的老师有机会聚在一起，把力量集中，和认同同样理念的学生和家长，一起创造出最大的教学新成果。

“学思达”教学班，第一年全部采用“学思达”的科目，虽然只有国文和数学，但同时又加入了创新教学的物理科陈沛皓老师、生物科蔡任圃老师、英文科张胜勇老师。第二年，又加入了英文科洪碧远老师，这让“学思达”教学班愈来愈成熟。

我相信，这只是第一班，将来还会有第二班、第三班、第四班，一直到遍地开花，成为教学新风貌。一旦“学思达”专班愈来愈多，“学思达”学校就会自然而然出现。

催生一间又一间的“学思达”学校，就是我们的重要目标。

18

传承

“学思达”如何观课

学生在课堂上是学习的主人，但老师更是整堂课的设计者、导演。

观课时只观看学生在课堂上的自学、讨论、发表等样貌，甚至贴近组内，聆听学生们的讨论方式、内容、技巧、能力等等，在我看来都只是表面样貌；观课老师其实更应该深入的是老师“如何”顺利、成功引领学生进入“成为学习的主人之方法、过程与机制”。

因此，“学思达”观课时着重在什么地方？关键就在授课老师“如何设计、如何引领、如何实践”，所以观课时的重点不在学生，而在老师。谨依观课前后，说明如下。

观课之前的准备

1. 最好事先了解老师采用何种教学法，这种教学法有何特色

“学思达”教学现场通常会要求观课老师先看文章或影片，对“学思达”有初步了解之后，比较不会有雾里看花之感。

2. 观看老师如何设计“讲义”

如果事先可以拿到开放教室授课老师的上课内容及“学思达”讲义，研究一下老师如何设计讲义，如何设计问答题，问答题是属于何种认知目标，这些问题想要训练学生什么能力，每个问题之间的先后关联为何，为什么要补充多出的资料，老师如何用专业素养判断出何者需要注解，如何注解到学生可以自己看得懂……请注意，若是事先拿不到讲义，这些过程就在观课的课堂上完成。“学思达”开放教室的老师也应该主动提供给观课老师，像我就会多印讲义给来观课的老师，这也是为什么有些授课老师会希望观课老师事前先知会的原因之一。所以，我常说“学思达”是还没观课就已经开始观课了，甚至已经知道课堂教学的一半内容了。这一点很特殊，同时也会和“学思达”共备的新形式有关，稍后再详谈。

3. 课堂观课

课堂观课又可分为几项重点：

一是观看老师如何“主持”。观课第一步骤，是看老师（讲话语气、声调高低、身心状态、表情、动作变化等），如何主持课堂的学习节奏、次序和仪式，如何营造热烈、严肃、静定各式各样的学习气氛。

二是观看老师如何进行“班级经营”。“学思达”让学生进入动静分明的学习节奏感：自学时安静、讨论时充满声响、发表时一动数静……老师要如何在动、静交替之间，巧妙地用“言语”“小道具”“机制”来让上课节奏流畅变换，这些都是观课的重点，而且与班级经营大有关联。

三是观看老师如何“引导”和“统整”。每一回合完整“学思达”历程都包括：自学、思考、讨论、发表（学生）、统整（老师）。每一个历程，都需要老师的“引导”，学生不会自学、不会思考、不会（或不想）讨论、不会（或排斥）发表，这都需要老师的引导帮助。所以，无论是在讲义的编写、言语的鼓励与支持，还是机制的设计与激励方面，都能看出老师隐藏其间的引导之力。另外，当学生发表之后，老师的统整表达的能力如何，有没有办法迅速归纳学生们的发言内容重点、思维脉络、思考方式，有没有办法在最短的时间立基于学生自学能力、讨论内容之上，再行加深、加广、加高，让学生的学习与理解更上一层楼，这是非常重要的。

四是观看老师如何“辅导”。一旦学生出现学习状况，如：自学时不自学、讨论时同学出现摩擦、讨论时不讨论净顾聊天、发表时一句话不肯说、同学发表时底下学生不专心聆听、学生倒头睡着……通过这些观课者都可看出“学思达”老师是如何“辅导”的。

我常说，学生出现各种问题，就是向老师抛出求救信号，学生需要的是更强大的老师辅导能力来帮助。这时候也是老师展现辅导能力的最佳时刻，如果老师到最后只会责怪学生、抱怨学生不好，那就是通过责怪和抱怨来“掩饰自己能力之不足”。不足怎么办？赶紧增能啊！而且“学思达”最后一定会形成一个庞大互助支援系统——这样大家就知道，另一“学思达”共备重点，一定是个案讨论，用大家的力量一起来帮助个别老师，去面对原本他们必须独自去面对的问题学生。

五是观看“学生的学习状况”。可全班学生、个别学生皆可以看，不用整节课只单看一组。

观课之后的议课

如果开放教室的“学思达”老师有空，就可以议课（有些“学思达”老师希望一定要有议课，这样也更好）；如果没有，也不用强求。

议课重点又是什么呢？就是在教学现场观察到所有重点：讲义内容（讲义补充、问题设计）、老师整体状态（主持、引导、反应、统整、辅导），提出优长之处，给老师鼓励；询问授课老师，有哪些是表面观课看不到的机制，隐藏在表面的学习之下；也能分享看到问题，提出看到的不足之处，加以讨论，授课老师可以提出解释，说明困难。授课老师一开始可能觉得难堪，但“学思达”更强调直接面对问题，想办法，解决问题。问题可以靠调整机制解决吗，还是可以到“学思达”社群寻求大家的建议，再试图解决问题，让自己变得愈来愈好？这才是我认为的“学思达”观课与议课的方式。（文末附上“‘学思达’观课表”供教师参考）

※ 回响：台北市“光复小学”黄彩霞老师——我的“学思达”成长之路

在开始“学思达”之前，我只是一个平凡、胆小、保守且满足现状的老师。要说我有什么优点，应该就只是想法正向，及不愿浪费时间纠结在不美好的人和事物上吧！每当我遇到困难或挫折时，我想到的不是难过或放弃，我会思考如何找到更好的方法与出路，让自己变得更好，让自己往更高处去，跳脱目前的泥淖。

还记得第一次与辉诚老师联系后，受到很大的鼓舞，确认自己的方向正确后便更放心地投入“学思达”教学。第一次接到的任务是2015年学年度寒假一开始的私立复兴小学讲座，当时我吓坏了，整整紧张了三个月，讲座前一个星期甚至无法正常吃睡。当天早上三小时的分享结束后，感觉整个人虚脱了，大吃、大睡了一场。当时我心想，我的第一次“学思达”分享就在名校且是百人大场，辉诚老师真勇敢，怎么不怕我砸锅啊！但经过这场，我想以后除了“国语实小”，我应该都敢去尝试。

没想到我的想法竟然被辉诚老师感应到了，2015年学年度下学期才开学，辉诚老师就私信给我，请我到“国语实小”分享。当时我真是害怕极了，辉诚老师安慰我：别害怕，你有一学期可以慢慢准备。但我不是花一学期准备，我是花了整整一学期在紧张。还好后来分享过程很顺利，真是谢谢大家的鼓励和包容。结束后，我心里又想：经过这一场，以后台湾地区的小学，我应该都敢去讲了。后来，我所在的学校成立了校内“学思达”社群，我也首次接受杂志采访，并参与了年会新秀分享，一整年下来，扎实地走稳每一步，珍惜每一次小小的新尝试，感觉自己不断地在成长及进步中。

2016年学年度下学期一开始，我果然又接到更大的挑战。这次的任务是要一个人搭飞机到上海台校进行一天半的公开课、观议课和讲座。我这个大路痴从未自己搭过飞机，更没有离开过台湾，加上还要做第一次的公开课。刚听到时，真是差点吓昏了，这次连我先生也跟着紧张。辉诚老师说：这是“学思达”老师必经的成长之路！于是我只好咬牙接受这样的挑战，而先生也答应假日时飞到上海陪我，这让我安心许多。事后回想，真心感谢有这样的机会，让我能认识上海台校的一群超棒的好伙伴。

经过这些锻炼，胆小、依赖且容易紧张的我，渐渐较能适应到各地分享的工作。过去的我，只在乎我教得够不够好、够不够多，学生考试成绩够不够高。我从来不知道，原来教书的成就感是来自有没有成就自己的学生、有没有建立学生未来所需的能力、将来学生能不能将所学在需要的时候展现出来。谢谢“学思达”，更谢谢辉诚老师，让教书即将满二十年的我，重拾了教学初衷与热情，让我有机会不断自我成长，有能力成就更多的学生和优秀的老师们！

附录 | “学思达”教师核心能力：精进参考对照表

“学思达”老师可依照各自能力与教学历程，自行核对，了解自己还可以如何精进。

		初阶	中阶	高阶	核心
“学思达”讲义	使用	○	○		
	修改		○		
	自行制作			○	○
“学思达”讲义内容品质	普通	○	○		
	精良		○		
	优秀			○	○
“学思达”五步骤流程	部分穿插使用	○			
	全课堂使用		○	○	○
教师主持	生疏	○			
	流畅		○		
	精练			○	○

续表

		初阶	中阶	高阶	核心
师生应对	平淡	○			
	温和		○		
	充满爱、包容与尊重			○	○
班级经营	普通	○			
	互动佳		○	○	○
	状态佳			○	○
	动静自如			○	○
最终学业成绩及能力表现	持平	○	○		
	进步			○	○
	卓越				○
开放教室	定期		○		
	随时			○	○
	校内		○	○	○
	校外			○	○
“学思达”推广	校内演讲（三小时以下）		○	○	○
	校外演讲（三小时以下）			○	○
	海外演讲（三小时以下）				○
	校内工作坊（三小时以上）		○	○	○
	校外工作坊（三小时以上）			○	○
	海外工作坊（三小时以上）				○

敬告读者

如何购买《青春第二课：108 位名人的青春历程》

王溢嘉的《青春第二课：108 位名人的青春历程》由上海三联书店出版，有兴趣的读者可从实体书店、网上书店购买，团购或个人邮购可致电 13965143481 详询。欲了解详情，请扫描下面的二维码。